EMMA LUCY KNOWLES
Entdecke deine Aura!

GOLDMANN

EMMA LUCY KNOWLES

ENTDECKE DEINE AURA!

Nutze dein Energieuniversum
und entfalte dein volles Potenzial

GOLDMANN

MIX
Papier | Fördert
gute Waldnutzung
FSC
www.fsc.org **FSC® C083411**

Penguin Random House Verlagsgruppe FSC® N001967

1. Auflage
Originalausgabe Juli 2022
Copyright © Emma Lucy Knowles, 2020
First published as YOU ARE A RAINBOW by Pop Press,
an imprint of Ebury Publishing. Ebury Publishing is part of the
Penguin Random House group of companies.
Emma Lucy Knowles has asserted her right to be identified
as the author of this Work in accordance with the Copyright,
Designs and Patents Act 1988
Copyright © 2022: Wilhelm Goldmann Verlag, München,
in der Penguin Random House Verlagsgruppe GmbH,
Neumarkter Str. 28, 81673 München
Umschlag: Uno Werbeagentur, München
Umschlagmotiv: FinePic c/o Zero Werbeagentur GmbH (441994)
Redaktion: Ingrid Lenz-Aktaş
Satz: Satzwerk Huber, Germering
Druck und Bindung: CPI books GmbH, Leck
Printed in Germany
JG · CB
ISBN 978-3-442-22346-6

www.goldmann-verlag.de

Inhalt

Einführung

Das machtvolle Potenzial deiner Aura

Du bist ein wunderbarer Ozean aus regenbogenfarbener Energie, die in höchster Lebendigkeit pulsiert, sich weithin verströmt und deine einzigartige Schwingung hinaus in die Welt, ja bis ins Universum trägt – du bist, wenn du so möchtest, eine Art magisches Einhorn! Diese Frequenz ist die energetische Fortsetzung deiner Selbst, diese Schwingungen, diese *Vibes* – diese helfende, nährende Kraft – nennen wir liebevoll deine Aura und verwenden so ihren bekannteren Namen.

Jetzt, in diesem Moment, ist deine Aura ein Füllhorn unerschöpflicher Möglichkeiten und Chancen. Sie ist deine ganz persönliche Landschaft und wartet nur darauf, dass du dich auf sie einstimmst, dich auf sie einlässt, sodass deine besonderen energetischen Schwingungen zum Tragen kommen, deine Frequenz Wirkung entfaltet. Wenn du das tust, wirst du zu dem strahlenden Leuchtfeuer, das du in Wahrheit immer schon gewesen bist. Ich möchte gemeinsam mit dir daran arbeiten, all das anzuziehen, was du dir verdient hast: damit du dein Leben mit dem höchsten Potenzial lebst, nach dem wir uns alle verzehren und das uns doch oft so unerreichbar erscheint. Die Welt von heute ist eine Welt, in der sich das Reich der Materie und das der Spiritualität scheinbar unversöhnlich gegenüberstehen. Dieser Zustand führt zu Konflikten, Spannungen und, ja, auch inneren Kämpfen. Doch letztlich bringt er uns auch einen enormen Wachstumsschub. Wir lernen, ver-lernen und er-lernen neu, was für uns gut bzw. richtig ist. Wir durchbrechen die alten materialistischen Denkmuster des »Wir bekommen immer das, was wir verdienen«. Wir widmen uns engagiert spirituellen Techniken, die uns – emotional wie physisch – auf einer tieferen Ebene wachsen lassen. Wir verbinden uns mit einem Energiefluss, der so viel mächtiger ist, als man uns immer gesagt hat oder als uns bewusst gewesen wäre: Willkommen im Zeitalter des Jetzt!

Entdeckungen, die dich in deiner Aura – und in diesem Buch – erwarten

Die Schwingungsenergie deiner Aura – deine Frequenz – ist immens wichtig, weil deine Aura so etwas wie die Visitenkarte des Menschen ist, der du tief im Innern bist. Sie stellt dich den Leuten schon vor, bevor du auch nur »Hallo« sagen kannst, denn durch ihre Energie strahlt sie aus, wie es dir emotional, geistig, körperlich und spirituell geht und wie deine Überzeugungen aussehen. Und das funktioniert in beide Richtungen – auch du taxierst einen Menschen, wenn du ihm zum ersten Mal begegnest, blitzartig auf diese Weise ... so wie er dich.

Woher weißt du, wenn du einen Raum betrittst oder eine Bar, instinktiv, auf wen du zugehen möchtest, wer dir das Gefühl gibt, dass du ihm vertrauen kannst? Wen du »leiden« kannst und wen nicht, und um wen du am liebsten einen Bogen machen würdest? Du nimmst dieses intuitive Wissen wahr, das in dir aufblitzt – wie ein Schaudern, ein Kribbeln oder ein sanftes Elektrisiert-Werden. Das geschieht, weil deine Aura den Raum auslotet, sobald du ihn betrittst. Sie sendet ein Signal, eine Botschaft, die deine einzigartige Frequenz überträgt wie ein eingebauter WLAN-Router, den du unbewusst mit viel Geschick installiert hast. Und deine Frequenz arbeitet wie ein Magnet und zieht Leute »von deinem Schlag« an – die Menschen, die mit dir harmonieren, die im selben Rhythmus, auf derselben Frequenz schwingen wie du, sei es auf allen Ebenen oder nur auf einer bestimmten Ebene deines Aurafeldes.

Dasselbe gilt auch umgekehrt. Je bewusster du dir deiner Energie bist, desto schneller leuchten deine Warnblinker auf, wenn jemand oder etwas irgendwie nicht passt ... und du dem auf den Grund gehen musst. Wie oft lassen wir Leute in unser Leben bzw. in unser Energiefeld, nur um nach ein paar Monaten festzustellen, dass sie uns nicht guttun? Dann müssen wir einen Trennstrich ziehen, was bedeutend schwieriger ist, wenn die Dinge schon weit gediehen sind. Wenn du also jeden Tag oder jede Woche in deine Energie hineinspürst, legst du damit ein hohes Verantwortungsbewusstsein an den Tag, sowohl dir selbst wie auch anderen Menschen gegenüber. Es ist eine andere Art der Sorge für dich selbst, wenn du deine Energie dafür einsetzt, Beziehungen, Gewohnheiten und Überzeugungen liebevoll zu festigen – oder sie loszulassen, wenn sie nicht mehr zu dir passen, damit sie sich nicht in der Tiefe festsetzen können. Denk immer daran, bei dir selbst anzufangen – deine Schwingung zieht schließlich an, was im Gleichklang mit dir schwingt. Deine Frequenz ist magnetisch für das, was mit der Tönung ihrer Aura korrespondiert. Daher musst du zuallererst nach innen schauen, um herauszufinden, wie es um deine Energie und deine Aura bestellt ist. Was du bei dir ändern kannst, um schmerzhafte oder nicht mehr erwünschte Energien aufzulösen – und stattdessen die Art von Energie und Menschen anzuziehen, die dir helfen, dein Potenzial zum Leuchten zu bringen und es in seiner Gesamtheit zu leben.

Erkenne und verstehe deine Macht und dein Potenzial

Du schlägst dieses Buch auf und gibst dir damit das aufregende Versprechen, dich zu öffnen, dich den tief reichenden Schichten deiner Selbst zuzuwenden – jenen Schichten, die dem Auge für gewöhnlich verborgen bleiben, die wir jedoch ohne jeden Zweifel fühlen. Auf freudvolle Weise mehr über dich zu erfahren und besser zu verstehen, wer DU in Wirklichkeit bist, welche Macht und welches Potenzial in dir liegen, und – was noch wichtiger ist – welche Macht du hast, deinen Lebensweg zu gestalten, genau hier, genau jetzt, aber auch in der Zukunft. Und ein Verständnis dafür zu gewinnen, welchen Einfluss du auf andere Menschen und ihr Leben hast.

In diesem Buch erfährst du, was deine Aura ist, woraus sie besteht und woraus folglich *du* bestehst. Wie die Aura »funktioniert« und wie du funktionierst. Wie du dir deine Macht zurückeroberst, einfach, indem du ihr nachspürst. Du erfährst, wie du dein Licht, dein Schwingungsfeld – deine Aura – würdigst und wie du das Verständnis der Tatsache erspürst, dass du im Guten wie im Bösen von der Welt genau das zurückbekommst, was du (neben deinen Worten und einem freundlichen Gesicht) energetisch in sie hinausgeschickt hast. Ich werde dir Energie-Übungen und -Techniken zeigen, mit denen du deine Aura und dein Energiefeld erfühlen, beeinflussen, reinigen, heilen, neu aufladen und ausrichten kannst. (Ja, ganz ohne Einsatz geht es nicht, aber keine Angst, das läuft nicht ab wie im Turnunterricht und ist die Mühe mehr als wert.)

Deine Aura gleicht deinem physischen Körper insofern, als dieser ein Netzwerk aus Organen, Blutkörperchen, chemischen Reaktionen usw. ist, die zusammen deine wunderbare äußere Gestalt bilden. Mit deiner Aura verhält es sich genauso, nur ist sie die Gestalt deiner wundersamen energetischen Netzwerke. Sie ist der energetische Spiegel, der Widerschein und die Entfaltung all der Energien, die von dem ausgehen, woraus du im Innersten bestehst: deinen Knochen und Organen, aber auch deinen Stimmungen, Gedanken und Gefühlen. All diese Dinge besitzen eine bestimmte energetische Frequenz, eine Schwingung, die sie aussenden. Und diese Schwingungen formen sich in ihrer Summe zu einem Tanz, der die Gestalt, Beschaffenheit und Struktur des Gesamtbildes ausmacht, welches den wunderbaren Namen »Aura« trägt.

Lass deine Aura heller strahlen und deine Welt weiter werden

Die Qualität deiner Energie ist außerordentlich wichtig. Wenn du dich deiner Aura zuwendest und sie besser verstehst, kannst du mehr Energie und helleres Leuchten erzeugen. Du wirst dich buchstäblich lebendiger fühlen, hast mehr Kraft, um deine Arbeit zu bewältigen oder einen Job zu finden, der besser mit deiner Schwingung harmoniert. Du wirst zu deinem »Stamm« finden, zu den Menschen, die zu dir passen. Du wirst Entscheidungen treffen, die dir ermöglichen, deine Träume und deine Bestimmung zu verwirklichen, und du wirst an Leib und Seele gesünder sein. Die Energie deiner Aura wird dir auch helfen, tiefer und fester zu schlafen – gut, sie wird nicht alle Probleme abstellen, die man im Leben so hat, weil das nun mal die Lektionen sind, die wir lernen müssen. Aber sie wird dir helfen, dich diesen Problemen ruhiger und gelassener zu stellen.

Du wirst lernen, wie du deine Aura reinigen und deine Energien heilen kannst, überall da, wo du dein wunderbares Selbst früher nicht geheilt, nicht geliebt hast. Wo du glaubtest, seiner nicht würdig zu sein, und du daher ein paar Streicheleinheiten für dein Selbstwertgefühl vertragen könntest. Vielleicht hast du zugelassen, dass jemand anderer einen negativen Samen in deine Gedanken gepflanzt und dich dazu gebracht hat, dieses Pflänzchen als dein eigenes heranzuziehen. Deine eigene Aura zu kennen bedeutet, dass du deine Energien kennst und sie nutzen kannst, dass du dich auf deine eigene Schwingung einstimmen kannst und weißt, was von dir kommt und was vom Einfluss anderer. Hat dir jemand einen solchen Samen eingepflanzt, der dich jetzt plagt, sodass du nur noch am Grübeln bist, ob da etwas Wahres dran sein könnte – dann ist jetzt die Zeit, ihn zu heilen, ihn freizusetzen, aus deiner Aura zu lösen und wirklich loszulassen. Ändere den Zustand und die Energien deiner Aura, denn deine Energie ist zu facettenreich und zu kostbar, um zuzulassen, dass sie sich verschwendet an all das, was ihrer nicht würdig ist, was sich gegen sie sperrt und daher überflüssig ist.

Manche Menschen laufen ständig mit einer energetischen »Katerstimmung« durch die Welt, haben ihr Potenzial vergessen und finden sich damit ab, dass ihr Leben, so wie es ist, ihr unabänderliches Schicksal ist – aber das stimmt nicht! Wenn du dich auf spiritueller oder energetischer Ebene für dein volles Potenzial öffnest, hat das immens positive Auswirkungen auf dein Leben, und deine Aura spielt dabei einen wichtigen Part. Sowohl am eigenen Leib wie in meiner Energiearbeit mit vielen wunderbaren Menschen habe ich hautnah miterlebt, wie selbst ein oberflächliches »Kratzen« an der Aura mit ihren Energien scheinbare »Blockaden« einfach wegschmelzen ließ. Mitunter reichte es schon, nur die Möglichkeit anzuerkennen, dass Energiearbeit viele positive Veränderungen bewirken kann – im Leben, im Denken, in unserem Selbstbild und der Art und Weise, wie andere uns wahrnehmen. Diese »Blockaden« waren schlicht Teil einer Überzeugung, die sich als ungebetener Gast im Energiefluss meines Gegenübers eingenistet hatte.

Wir alle sind so viel mehr, als wir zu träumen, zuzulassen, zu glauben und zu *sehen* wagen. Wenn wir also lernen, uns fester und tiefer im Zeitalter des Jetzt zu verwurzeln, können wir unser Leben und die Welt umso heller und strahlender machen.

Daher ist dieses Buch dem Licht gewidmet, das du bist, dem Licht, das du vielleicht noch nicht kennst, dem Licht und der Farbe, die du – ohne es überhaupt zu wissen – in die Welt bringst und zu jedem einzelnen Wesen, dem du begegnest. Danke, dass du *du* bist!

Was ist die
Aura?

Die Frage: »Was ist die Aura?« könnte man auch so stellen: »Wer bist du, und woraus bestehst du?«

Wenn dein Interesse an diesem Thema so groß ist, dass du dieses Buch liest (danke übrigens!), hast du höchstwahrscheinlich schon mal von der Aura gehört oder hast eine gewisse Vorstellung, was du unter »Aura« verstehst. Aber du hast dich vielleicht mit der ganzen Sache noch nicht so tief und eingehend beschäftigt, wie du gerne möchtest – also lass uns in die Materie eintauchen.

Beginnen wir mit dem Bild, das du von dir im Spiegel siehst: Du siehst natürlich deinen physischen Körper, die physischen Anzeichen für Leben in diesem wunderbaren Körper. Und wenn du dir ins Gesicht blickst, tief in die Augen (nicht, dass das besonders behaglich wäre!), dann kannst du den Ausdruck von Glück oder auch Sorge sehen, der in diesem Augenblick dein Gesicht beherrscht. Du kannst diese Aspekte deiner Selbst mit deinen fünf Sinnen spüren, berühren und erkunden. Und du kannst diesen Teilen deiner Selbst mit Worten und grenzenloser oder auch begrenzter Selbstfürsorge liebevoll oder aber verletzend begegnen. (Was wie immer davon abhängt, was du gerade erlebt hast oder wie du dich gerade fühlst.)

Unsere Aura ist unser energetischer Spiegel, der uns unsere emotionale und energetische Verfassung, unser momentanes Befinden, zeigt. So wie wir alle eine Aura haben, so besitzt auch jeder von uns die Fähigkeit, seine Aura zu »sehen«, sie zu reinigen, aufzuladen und zu harmonisieren. Und so wie jeder von uns ein einmaliges, unverwechselbares menschliches Wesen ist, so haben wir alle einzigartige, individuell unterschiedliche Methoden, mit unserer Aura zu arbeiten und sie zu »sehen«. Mit Zeit, Übung und einer gesunden Portion Geduld können wir lernen, unser Strahlen in all seiner Pracht zu »sehen« und ihm zu vertrauen, so wie wir der unsichtbaren Energie des WLAN bei uns zu Hause oder im Café vertrauen.

Was sagt ein Name eigentlich aus?

Tatsächlich eine ganze Menge ...

Das altgriechische Wort *aura* bedeutet, höchst poetisch, »Hauch«, »Luftzug«, »Wind«. In der griechischen Mythologie ist Aura die Göttin der Morgenbrise und gehört dem Geschlecht der Titanen an. Die frische, kühle Morgenbrise – hört sich das nicht sehr nach Glück und Frieden an?

Im alltäglichen Sprachgebrauch bezeichnet »Aura« die Atmosphäre oder »Qualität« von Menschen, Dingen und Orten. Aus meiner Sicht – ja, eindeutig spirituell – ist eine »Aura« jedoch sehr viel mehr als nur eine Bezeichnung dafür, dass Menschen, Orte oder Dinge eine gewisse Ausstrahlung besitzen. Sie ist ein ganz wesentlicher Teil dessen, was wir sind. Sie ist unser eigenes energetisches Universum, schichtweise aufgebaut aus unserem emotionalen, mentalen und spirituellen Strahlen. Die Aura umgibt unseren Körper nicht bloß, sie wird vielmehr von unserem Körper ausgestrahlt. Sie ist unser »Bat-Signal« hinaus ins Leben, oder, wenn du so willst, unser persönliches WLAN, mit dessen Hilfe wir alles, was wir brauchen oder möchten, anziehen können.

Bringen wir uns mit unserer Aura in Einklang, stellen die richtige Frequenz ein und treffen dann auf jemanden, dessen Aura und Energie klar und schön sind und auf einer Ebene schwingen, die mit unserer harmoniert, so fühlt sich das, wie es im altgriechischen Wort anklingt, buchstäblich an wie eine energetische frische Brise. Solche Menschen stimulieren unseren Geist, als wären sie Wind unter unseren Flügeln. Ein Traum!

Dein
eigenes Universum

Vergleichen wir uns doch mal kurz mit einem riesigen Energieball – unserer Erde. Stell dir die Erde vor und sieh dir ihre unzähligen Schichten an: Allein an der Oberfläche leben zahllose Organismen, die sich von ihrem Strahlen nähren. Dann nähern wir uns ihrem Kern, steigen Schicht um Schicht, tiefer und tiefer hinab. Jede Schicht dient einem bestimmten Zweck und ermöglicht es der Erde, zu wachsen, sich zu drehen und geniale Dinge zu vollbringen ... Wir können diese ganze Tiefe nachempfinden, nicht wahr? Wir Menschen sind ebenfalls wunderbare Energiewesen, die unter ihrer Oberfläche, unter ihrer Haut ein ausgefeiltes Ökosystem besitzen, das in uns Schicht um Schicht ein Strahlen erzeugt und uns von selbst am Leben erhält ...

Aber was hält die Erde? Was stützt sie? Die Schwerkraft hält sie, die Ozonschicht schützt sie. Und dann sind da die ungeheuren Weiten des Universums, diese Energien, die sich grenzenlos ausdehnen und in denen die Erde eine wichtige Rolle spielt – dieses Universum, dessen Komplexität wir gerade einmal anfangen zu verstehen. Ist es da wirklich so verrückt, sich vorzustellen, dass wir nicht nur in die Tiefe reichen wie die Erde, sondern wie die Erde auch sehr viel weiter, als wir das im Moment erkennen oder verstehen können? Dass wir in den Raum hinausstrahlen? Und dass wir, so wie die Erde und jeder Planet, Mond und Stern unseres Sonnensystems eine einzigartige und unverzichtbare Rolle für das Überleben unseres Universums spielt, hier unten auf der Erde – als Individuen – das Gleiche tun? Dass jeder von uns eine einmalige, nichtsdestotrotz wichtige Rolle spielt, die wir bis jetzt nur noch nicht vollständig verstanden haben? Dass wir (energetisch) weiter strahlen und uns weiter ausdehnen, als unser Auge reicht, hinaus in unser energetisches Universum? Das Universum des Selbst, das in einer Wechselbeziehung sich ausdehnt und die energetischen Universen jedes einzelnen Wesens auf diesem Planeten berührt? Ein energetisches Universum, bekannt als unsere Aura.

Die Aura
in Geschichte, Wissenschaft
und Kunst

Wie bei allen Dingen, die irgendwie mit Energie zu tun haben, kann man auch bei der Aura nicht zurückverfolgen oder zeitlich festmachen, wann sie sich das erste Mal in unserem Leben gezeigt hat, denn das könnte sie gar nicht – sie war immer schon da, wie ich hier sehr gern verkünde. Wir werden mit unserer Aura geboren: Sie ist zu hundert Prozent Teil der Schönheit, welche das Menschsein ausmacht, und es gibt wissenschaftliche Forschungen und Erkenntnisse, die das bestätigen. Tatsächlich wird unser Energiekörper seit dem frühen 19. Jahrhundert wissenschaftlich erforscht. Auch wenn sie ihm vielleicht andere Namen geben als wir, so haben Wissenschaftler doch einen »feinstofflichen Körper« bestehend aus Energie beobachtet, ein Energiefeld bzw. ein elektromagnetisches Feld, das den Menschen umgibt. Dieses Energiefeld ist viel zu fein, um es komplett zu analysieren, doch umgibt es alle lebenden Wesen. Daraus wurde der Schluss gezogen, dass jedes Lebewesen Energie abgibt, das heißt Schwingungen von einer bestimmten Frequenz ausstrahlt.

Dieser Energiekörper – deine Aura – hat die Wissenschaft tatsächlich seit jeher fasziniert. Quer durch die Epochen finden wir auf dem Feld der Erforschung des menschlichen Energiekörpers manch bedeutenden Namen – drei der Forscher seien hier gewürdigt. Als Erster ist Freiherr Karl Ludwig von Reichenbach zu nennen. Der promovierte Naturwissenschaftler kam zu dem Schluss, dass unser menschliches Energiefeld bestimmte Eigenschaften mit gewissen Phänomenen der atmosphärischen Elektrizität bzw. mit künstlich erzeugten elektromagnetischen Feldern teilt. (Denk nur mal an die gewaltige Ladung, die sich bei einem Gewitter in der Atmosphäre aufbaut oder an das Knistern und Surren von Hochspannungsleitungen!) Bezogen auf den Menschen sprach Reichenbach von diesem Energiefeld von »odischer Kraft«, bezeichnete es aber später als »subtilen Körper«. Doch während in elektromagnetischen Feldern, wie die Wissenschaft feststellte, das Gesetz gilt: »Gegensätze ziehen sich an«, gilt in unserem Körper: »Gleiches zieht Gleiches an« – wie Reichenbach bemerkte.

Der nächste Name auf unserer Liste ist der von Dr. Walter J. Kilner. Er stellte im frühen 20. Jahrhundert einige sehr ungewöhnliche Experimente an, um das menschliche Energiefeld zu erkunden. So verwendete er u. a. Filtergläser, die mit Farbstoffen wie dem toxischen Dicyanin (auf Steinkohlenteerbasis) gefärbt waren. Er entdeckte, dass sich unser Energiekörper aus drei Zonen zusammensetzt: einer dunklen Schicht unmittelbar über der Haut, einer ätherischen Schicht, in der die Energie lotrecht zum Körper fließt, und darüber schließlich einer sehr feinen äußeren Schicht.

Ein paar Jahre später erweiterte Dr. Wilhelm Reich unser Wissen über das menschliche Energiefeld und dessen

Verständnis. Er beobachtete, dass sich »Energiestaus« im menschlichen Energiefeld auflösen lassen, wodurch sich auch negative mentale und emotionale Muster auflösen und zu Veränderungen in Körper und Geist führen. Das Konzept der Aura ist auch in vielen Formen von Kunst, Religion und Volkskultur zu finden. Unser Lichtkörper, unsere Aura, wurde zu allen Zeiten von künstlerisch veranlagten Medien »gesehen«, gespürt und bezeugt – die Aura ist nicht nur ein Produkt unserer Einbildungskraft. Auf künstlerischen Darstellungen in Kirchen und Tempeln sehen wir Engel und erleuchtete Wesen, die von einem Lichtschein umgeben sind, wie er auch in vielen heiligen Schriften erwähnt wird. Dieser Lichtkörper ist seit jeher in den Religionen präsent, angefangen beim Hinduismus und Buddhismus über die Vorstellung, dass die Farbe unserer Aura untrennbar mit der Kundalini-Energie und unseren Chakras verbunden ist. Aber auch im Christentum und Islam gibt es Vergleichbares, zum Beispiel den Glauben an bestimmte Quellen des Lichts und Lichtkörper. Der Mensch war sich seit jeher bewusst, dass unser Körper von einer Energiehülle umgeben ist. Das Einzige, was sich – wie bei so vielen anderen Dingen – geändert hat, sind die Namen und Vorstellungen, die der Mensch mit der Aura verbindet.

Wie wir bald sehen werden, besteht unsere Aura aus Schwingungen, ist aber gleichzeitig wie ein Kuchen in Schichten aufgebaut – sieben, um genau zu sein. Die Vorstellung, dass sich Energie in sieben Schichten manifestiert, die Einfluss auf unsere Gesundheit haben, ist vielen alten Heilsystemen gemeinsam. Einige von ihnen, wie der Ayurveda und das Chakrasystem, sind uns noch heute bekannt.

Der Ruf nach »guten Schwingungen« oder zumindest »keinen schlechten Vibes« ertönt auch im Zeitalter des Jetzt – beginnend mit der Flower-Power-Bewegung in den Swinging Sixties. Ein Schlüsselmoment war für mich, als Rihanna in »Don't Stop the Music« von einer unglaublichen Aura sang. Mit dreizehn machte es mir Spaß, zu meiner Schwester zu sagen: »Verzieh dich aus meiner Aura!« (Ohne die geringste Ahnung zu haben, was in aller Welt das war.) Wenn wir hier tiefer in die Materie einsteigen, solltest du immer im Hinterkopf behalten, dass deine persönliche Deutung des Begriffes »Aura« darüber entscheidet, wie du mit deinem Wissen und deiner Energie – kurz, mit deiner Aura arbeitest und umgehst.

Wie »funktioniert« die Aura?

Wie bereits erwähnt, setzt sich unsere Aura aus sieben Schichten oder Ebenen zusammen. Du kannst dir deine Aura also als einen Regenbogen aus Energie vorstellen: Sie ist genauso farbenprächtig! Jede Schicht deiner Aura besitzt ein Verbindungsnetz, das sie mit bestimmten Aspekten deines geistigen, körperlichen und spirituellen Daseins verknüpft. Ihre Energie wird beherrscht vom Wissen, von den Erfahrungen, Gefühlen und Gedanken, die sich aus diesen Aspekten deines Wesens speisen. Zum Beispiel steht eine Schicht deiner Aura mit Gesundheit in Verbindung, eine andere mit Gefühlen und wieder eine andere mit deinem Ego und deinen Überzeugungen. Im nächsten Kapitel werden wir uns diese Schichten ausführlicher ansehen. Wichtig ist auch, dass du dir stets der Tatsache bewusst bist, dass alles, was du denkst, glaubst, fühlst und sagst, ebenso wie deine Fitness bzw. Gesundheit direkte Auswirkungen auf den Zustand deiner Energie und deiner Schwingungen in den einzelnen Schichten deiner Aura hat – und auf ihre Farbe. (Auch dazu später mehr.)

Diese energetischen Schichten, die zusammen schwingen und sich zuarbeiten, bilden deine Aura und verschmelzen zu deinem einmaligen, einzigartigen Energie- und Schwingungston, der zu deinem unverwechselbaren »Bat-Signal« wird – deinem Frequenzmuster, das du in die Welt sendest und das bestimmt, was du wiederum aufgrund dieser Schwingung anziehst.

Die Sprache der Farben

Unsere Aura ist auf sehr geschickte Weise farbcodiert. Ich habe dir ja gesagt, du sollst dir ein Einhorn oder einen Regenbogen vorstellen, nicht wahr? Jede Ebene der Aura hat eine bestimmte Farbe bzw. Farben, die ein Lied davon singen, wo und wie du im Leben gerade stehst – sei es emotional, körperlich oder geistig. Du bist ein Meer von Farben, wenn auch manche Farben dominanter sein mögen als andere (stell dir ein in Schnurbatik gefärbtes T-Shirt vor), weswegen sie leichter wahrzunehmen bzw. einfach präsenter sind in dem Moment, in dem du sie anschaust. Die Esoterik übersetzt diese Farben in die Sprache von Energien. Jede Farbe bezieht sich darauf, wer du bist und wo du gerade stehst, sodass du dein maximales Potenzial ausstrahlen und verwirklichen kannst. Ich glaube, dass jeder von uns diese Farben auf seine individuelle Weise interpretiert. Deswegen werden wir verschiedene Facetten des Themas Farbe erkunden und herausfinden, was dein spezieller Farbcode ist und wie du die Schwingungsfarbe deiner Aura beeinflussen kannst.

Bevor wir uns nun deine Aura und die einzelnen feinstofflichen, nichtsdestotrotz machtvollen Schichten ansehen, ist es wichtig, dass du erfährst, wieso und auf welche Weise du von einem tieferen »Wissen« um diese Schichten profitierst. Hier gibt es tatsächlich nur gute Nachrichten zu vermelden. Du besitzt nämlich die Fähigkeit, deine Energie, und damit deine Aura, zu »überwachen«, sie zu verändern und zu lenken. Wenn du weißt, dass du auf bestimmte Lebensmittel allergisch bist bzw. sie nicht verträgst, dann isst du sie nicht mehr, oder? Du streichst sie vom Speiseplan und ersetzt sie durch gesündere Alternativen. Genauso verhält es sich mit deiner Aura und ihrer energetischen Verfassung: Wenn du lieblos über dich selbst denkst, beeinflusst das die Frequenz deiner Energie auf eine bestimmte Weise. (Je liebloser und grausamer diese Gedanken sind, desto niedriger ist deine Schwingung.) Je positiver und bejahender dein Denken, umso höher die Schwingung – so einfach ist das. Ein einziges Denkmuster kann also dein gesamtes energetisches System erschüttern und das Signal verzerren, das du aussendest. Dieser Misston zieht dann das Entsprechende an. Wenn du deine Aura lesen und verstehen lernst, wirst du auch sehen, was sie beeinträchtigt, wo du mehr Licht und Strahlen hineinbringen kannst und was geändert oder transformiert werden muss. Und so wie du Lebensmittel, die dir nicht guttun, von deinem Speiseplan streichst, so kannst du deine Energie verändern bzw. emotional heilen und so auf dein wahres Schwingungsniveau heben.

Gleiches
zieht Gleiches an

Unsere Aura ist wirklich schlau: Wie ein Funkgerät kann sie senden und empfangen – und bietet sogar noch mehr: sie kann geben! Unsere Aura und ihre Energien reagieren auf die Aura und Energie anderer auf vielen Ebenen. Daher ist wichtig, dass wir auf energetischer Ebene wissen, mit wem wir tatsächlich interagieren, da die Energie eines anderen Menschen uns beruhigen oder beleben, uns aber auch ermatten oder erschöpfen kann. Sobald wir wissen, wie unsere Aura auf die Energie anderer Menschen reagiert, können wir lernen, uns vor Leuten zu schützen, die uns auslaugen, und wie wir Menschen anziehen, die unsere Batterien aufladen. Das ist der Schlüssel zur Gesundheit nicht nur unserer Aura, sondern auch von Körper, Geist und Seele.

Und was ganz wichtig ist: Denk in Sachen Energie immer an den Grundsatz: »Gleiches zieht Gleiches an.« Deswegen werden wir uns ausführlich damit beschäftigen, wie du deine Aura und deine Energie pflegen kannst. Wie du deine Aura klärst, sie reinigst, sie stärkst und dein Signal bzw. deine Frequenz so einstellst, dass sie einen wohlgelaunten Kreis von Freunden anzieht, neue Beziehungen in dein Leben bringt oder bestehende verbessert. Wie du deine Stimmung heben kannst, dich aufs Wesentliche konzentrierst, dir erlaubst, dich mitreißen zu lassen, wenn du unbewusst feststeckst, jeden Tag heller machst, deine Gesundheit verbesserst und einen neuen Job bekommst oder den, den du hast, so umorganisierst, dass er besser zu dir passt.

Ebenso wichtig ist: So, wie wir ein Buch nie nach dem Umschlag beurteilen sollten, sollten wir auch andere Menschen nicht nach ihrer Energie beurteilen. Wir sind ebenfalls nicht jeden Tag gleich drauf, denn unvorhergesehene Ereignisse können jederzeit und unerwartet unsere Stimmung und damit unsere Energie verändern. So wie deine Energie sich verändern kann, so kann es auch die von anderen. Missbrauche also dein Wissen nicht als Entschuldigung, um jemanden nicht zu mögen. Oder andere zu verurteilen, weil sie energetisch gesprochen »nicht auf deinem Level« sind. Nutze dein Wissen lieber dazu, um Mitgefühl für andere – und auch für dich selbst – zu entwickeln. Arbeite daran, ihre Energie zu verstehen (z. B. warum sie so sind, wie sie sind, was in deiner Energie sträubt sich gegen sie und warum). Frage dich, wie du mit ihnen umgehen kannst, ohne dass du deine Schwingung änderst oder versuchst, die ihrige zu ändern. Solche energetisch schwierigen Beziehungen zu verstehen und zu untersuchen (statt sie zu kontrollieren oder zu vermeiden), hilft dir im Umgang mit allen Menschen, mit denen du zu tun hast – Arbeitskollegen, Nachbarn, Fremden und sogar deinen Freunden und Angehörigen.

Deine Aura hat keinen Ausschaltknopf, doch du kannst die Energie deiner Aura jederzeit höher oder niedriger einstellen. Du kannst deine Schwingung erhöhen und ausweiten, sodass deine Aura wirklich »sichtbar« wird. Oder sie runterdrehen und dich zurückhalten. Wie gesagt: Deine Aura ist ein Zwei-Kanal-Funkgerät, und wir werden uns anschauen, wie du deine Frequenz höher stellst und nach außen sendest. Oder wie du dich zurücknehmen und die Schwingungsbotschaften deiner Aura zurücksetzen kannst, je nachdem, was du gefühlsmäßig brauchst.

REGENBOGEN-WELLEN: DER AUFBAU DEINER AURA

»Verbinde dich
mit deinen
Energiewellen
und werde
das strahlende
Leuchtfeuer,
das du in
Wahrheit bist.«

Wie schon erwähnt, ist unsere Aura aus sieben Energie-schichten aufgebaut. Diese Schichten sind wie eine Live-Übertragung, die tagesaktuell Auskunft darüber gibt, wie es uns emotional und energetisch geht, wobei jede Schicht ihre eigene Geschichte zu erzählen weiß. Unsere Aura ist wie eine Eierschale bzw. die Ozonschicht unse-res Planeten. Sie *umgibt* unseren Körper vollständig und rundherum – hinten, vorn, mittig, oben, unten und überall dazwischen. Und sie *verbindet* Außen und Innen und alles, was dazwischen ist.

Wie unser physischer Körper ist auch unser energeti-scher oder spiritueller Körper ein komplexer Organismus. Es wird daher Zeit, dich mit deinen Chakras näher bekannt zu machen. Vermutlich sind dir Chakras nicht völlig unbe-kannt, doch der Punkt, um den es hier speziell gehen soll, ist folgender: Die Chakras stellen zwar ein eigenes Sys-tem dar, aber zwischen den Schichten unserer Aura und den Hauptchakras besteht eine starke energetische Ver-bindung. Die beiden Systeme beeinflussen sich gegensei-tig. Chakras sind kraftvolle Energiewirbel, die *in* deinem Körper »sitzen«. Die Farben der Chakras ändern sich nicht, solange du lebst (außer du musst einen Schicksalsschlag einstecken). Die Aura ist dagegen eine *äußere* Kraft und ihre Farbe (sowohl der einzelnen Schichten als auch der Aura als Ganzes) verändert sich regelmäßig in Abhängig-keit von deiner Stimmung, deinen Emotionen und dem, was du täglich erlebst. So wie du dich im Lauf der Zeit verän-derst, ändert sich auch deine Aura – ihre Natur ist bei der Geburt nicht in Stein gemeißelt.

Doch deine körperliche, emotionale und spirituelle Ge-sundheit beeinflusst nicht nur die Farbe deiner Aura. Diese Faktoren haben auch Einfluss auf ihre Größe. Sind Körper,

Gefühle und spirituelles Selbst gesund und in Harmonie, kann deine Aura sich rundum weit ausdehnen. Geraten sie aus dem Gleichgewicht, können sich Geist und Körper schwer oder »klein« anfühlen – das heißt, deine Energie zieht nach innen, weil deine Aura sich von der Außenwelt zurücknimmt. Die Übungen und Techniken, die ich dir später vorstellen werde, können dir in einem solchen Fall helfen herauszufinden, was du tun kannst, um deine Aura zu reinigen und ihre Strahlkraft zu stärken. Doch zuerst wollen wir uns ansehen, was das beherrschende Thema der einzelnen Schichten ist.

Die Schichten deiner Aura

Um unsere Aura verstehen zu lernen, sehen wir sie uns im ersten Schritt Schicht für Schicht genauer an, bevor wir uns damit befassen, wie du deine Aura sehen bzw. spüren und mit ihr arbeiten kannst.

Schicht 1 – Der ätherische Körper oder die Ebene der physischen Aura (unsere Gesundheit)

Diese Schicht liegt unserem physischen Körper am nächsten und stellt die Schicht der Aura dar, die wir mit unseren Augen tatsächlich sehen können. An ihr lässt sich unser Gesundheitszustand ablesen (hauptsächlich unsere physische, aber auch unsere emotionale Gesundheit), denn sowohl Freude wie Schmerz hinterlassen in ihr einen Abdruck. Ob du vor Vitalität überschäumst, voller Energie und Tatendrang steckst oder ob du dir deinen Muskel zerrst, eine Erkältung zuziehst oder dich in den Finger schneidest – all das schlägt sich in dieser Schicht nieder. Hast du dich verletzt, ist das die Schicht, auf die du dich konzentrieren solltest. Denn mithilfe der Energie dieser Schicht können wir eine schnelle Genesung einleiten und den Körper während der Heilung nähren.

Schlaf, Ruhe und Entspannung wirken sich ausgesprochen positiv auf diese Schicht aus – sie steigern ihre Vitalität. Der ätherische Körper verliert im Laufe des Tages an Strahlkraft, dem Akku in deinem Handy vergleichbar. So wie du dein Handy anschließt, um den Akku wieder aufzuladen, so versorgt sich dein ätherischer Körper durch Ruhe und Erholung mit neuer Energie. Diese Schicht steht zudem mit deinem Wurzelchakra in Verbindung – mit der Empfindung bzw. der Energie, mit dem Leben tief verbunden zu sein und zu wissen, warum und wozu wir auf dieser Welt sind. Sportler, Tänzer und generell alle Menschen mit starkem Bewegungsdrang leben in dieser Schicht der Aura. Sie können mit der in dieser kraftspendenden Schicht gespeicherten Energie ökonomisch umgehen und zur rechten Zeit einen kräftigen Energiestoß freisetzen. Nun stimmt es zwar, dass Ruhe diese Schicht auflädt, doch je weniger du vom Sofa runterkommst, desto schwächer wird auch dein ätherischer Körper. Die gute Nachricht: Du musst kein Fitness- und Gesundheitsfanatiker werden, um diese Schicht zu stärken. Auch körperliches Wohlbefinden (zum Beispiel durch Streicheleinheiten oder Duftbäder) und vergleichbare Empfindungen können, neben einer guten allgemeinen Gesundheit, diese Schicht stärken und harmonisieren.

Es ist sehr, sehr wichtig zu wissen, dass diese Schicht stark unter negativen Gefühlen und einer unangenehmen Umgebung leidet. Ob du nun selbst unversöhnliche, unfreundliche oder andere negative Gedanken und Gefühle hegst oder ihnen von anderer Seite ausgesetzt bist: sich in einem solchen Milieu aufzuhalten, hinterlässt Spuren in dieser Schicht. Freilich ist das Leben nicht immer ein Honiglecken. Wie wir alle wissen, gibt es Situationen, die wir nicht unter Kontrolle haben – und wir wissen auch, dass negative geistige Muster die unerfreuliche Tendenz haben, sich selbst am Laufen zu halten. Deswegen findest du in diesem Buch Meditationen, Übungen und Soforthilfen, um diese Schicht wieder aufzutanken, selbst wenn du das Gefühl hast, dass deine augenblickliche Situation dir weder Kraft noch Energie schenkt.

Konzentriere dich auf diese Schicht ...
... *wenn du einen Energieschub brauchst oder du dich gesundheitlich bzw. kräftemäßig ausgelaugt fühlst.*

Schicht 2 – Der Emotionskörper oder die Ebene der Astralaura (unser Gefühlsarchiv)

Schicht 2 ist genau das, was ihr Name sagt – die Ebene, auf der unsere Emotionen angesiedelt sind. Ich verwende dafür auch gerne den Ausdruck »Gefühlsarchiv-Ebene«. Hier werden unsere gefühlte Vergangenheit und sämtliche emotionalen Erfahrungen (die guten wie die schlechten) griffbereit abgespeichert, sodass wir sie jederzeit abrufen und mit ihnen arbeiten können, wenn wir sie brauchen. Der Emotionskörper ist eng verbunden mit dem Sakralchakra, dem Energiezentrum, dem unsere Emotionen unterstehen. Er kann somit für Selbststärkung, aber auch für Selbstschwächung stehen, je nachdem, wie wir emotional aufgestellt sind. Umso wichtiger ist es, Verletzungen zu heilen, zu vergeben und Altes loszulassen. Denn an negativen Gefühlen festzuhalten oder schmerzliche Situationen bzw. Erfahrungen zu verdrängen, nimmt dir energetisch Raum, den du diesen Dingen wirklich keinen Moment länger überlassen solltest. Es ist Zeit, dass du bestimmte Akten in diesem Archiv vernichtest, deinen mentalen »Browserverlauf« löschst und in deinem Energiespeicher Platz schaffst für positive Dinge. An dieser Schicht heilend zu arbeiten, ermöglicht dir außerdem, emotionale Trigger, die dich allzu lange beherrschten, zu entschärfen, immer deutlicher zu erkennen und im Laufe der Zeit zu schwächen.

Wir wissen sofort, wenn unser Emotionskörper aus dem Gleichgewicht ist, weil wir das fühlen: Wir sind ohne erkennbaren Grund überempfindlich, überkritisch und dünnhäutig, verhalten uns unseren Lieben gegenüber irrational und jähzornig. Oder mäkeln an allem herum, benehmen uns mies, sind misstrauisch und suchen nach Bestätigung, wenn wir eigentlich nach Liebe suchen sollten.

Der Energiekörper reagiert seismografisch auf seine Umgebung. Deswegen weißt du, ob du mit den richtigen Leuten im richtigen Raum bist: Du spürst es. Das ist außerdem die Schicht, die am stärksten mit dem Energiekörper anderer Menschen interagiert. Deswegen werden wir uns später damit beschäftigen, wie du energetisch auseinanderhalten kannst, was von dir stammt und was von jemand anderem – auf sanfte und liebevolle Art.

Um diese Schicht energetisch zu heben, ist es am besten, vor die Tür zu gehen oder die Umgebung zu wechseln. Verhärtete Fronten? Reiß die Fenster auf, lass frische Luft herein und bewege dich. Wenn das nicht geht, hör auf, dich zu streiten, geh in dich und atme tief ein und aus. Visualisiere die Farbe Grün oder nimm einen grünen Heilstein in die Hand (für den Anfang würde ich dir Aventurin, Amazonit oder Jade empfehlen). Grün ist die Farbe der Natur, aber auch die Farbe des Herzchakras und eine Farbe, die besänftigend auf diese Auraschicht wirkt.

Konzentriere dich auf diese Schicht ...
... wenn du in einem Konflikt feststeckst, versuche, loszulassen und zu vergeben. Oder öffne dein Herz, um umso intensiver zu fühlen.

Schicht 3 – Der Mentalkörper oder die Ebene der unteren mentalen Aura (unsere Glaubensmuster)

»Du wirst, was du glaubst. Deine Gedanken werden Realität.« So lautet eine alte Weisheit, und bezogen auf die dritte Auraschicht oder den Mentalkörper, wie sie auch genannt wird, könnten diese Worte nicht treffender sein. Das ist auch der Teil deines aurischen Selbst, der sich mit unserem alten Vertrauten »Ego« bestens versteht. Das Ego ist der Teil von uns, der meint, uns zu »schützen«, während er uns in Wirklichkeit nur kleinhält. Der kleine Mann in unserem Ohr, der uns versichert, dass wir dies oder das niemals fertigbringen werden, uns höhnisch fragt, warum uns denn jemand lieben sollte, oder uns eiskalt versichert, dass wir nur bekommen, was wir verdienen. Diese Schicht ist ein sehr komplexes Gebilde aus unseren Werten und Überzeugungen, sei es im Hinblick auf die Welt, das Leben oder – der wichtigste Aspekt – auf uns selbst.

All diese Überzeugungen, Wertvorstellungen und Denkmuster schaffen in ihrer Gesamtheit deine Wirklichkeit, die du tagtäglich lebst. Durch diese energetische Linse nimmst du die Welt und deinen Platz darin wahr. Positive Denkmuster und Überzeugungen pumpen diese Schicht auf wie einen Ballon – sie werden zur Luft, die ihn ganz und gar ausfüllt. Doch nicht immer sind unsere Überzeugungen so konstruktiv, und dann schrumpft und verkümmert diese Schicht.

Unsere Energie hat jedoch ein waches Auge und schlägt Alarm, sollten wir, ohne es selbst zu merken, in einem Denkmuster feststecken, das unsere Stimmung drückt. Wenn wir uns auf diese Energie einstimmen, können wir die Schwingungsspitzen höher setzen, die Frequenz neu

einstellen und uns auf einen höheren Seinszustand ausrichten. Im Übungsteil werden wir uns ansehen, wie du solche für dich schädlichen Überzeugungen entschärfen und
heilen kannst.

Der mentale Körper ist auch der Bereich, in dem wir im
Laufe eines Tages energetisch die meiste Zeit verbringen –
beim Arbeiten, Lernen und Studieren. Starke Konzentration
hält uns in diesem Energieraum. Wenn sich unser Geist in
eine Tätigkeit versenkt (sogar beispielsweise beim Golf-
spielen), wird diese Schicht genährt, und sie wächst. Sie
steht auch in Verbindung mit dem mächtigen Solarplexuschakra, dem Zentrum unserer persönlichen Kraft und
Stärke. Wir brauchen diese Schicht, um gesund und leis-
tungsfähig zu bleiben und im Leben voranzukommen. Darum ist es so wichtig, dass wir nicht aufhören, an unserem
Selbstbild zu arbeiten, und aus Geist und Energiefeld all
das hinauszuwerfen, was uns einreden will, wir wären unfä-
hig. Gegenüber einer positiven, starken Energie und einem
ebensolchen Selbstvertrauen zieht das Ego mit seinen Versuchen, uns kleinzureden, immer den Kürzeren.

Sind wir auf dieser Ebene aus dem Gleichgewicht, können wir uns abgelehnt fühlen, erniedrigt, beschämt, am
Boden, ausgelaugt oder durch und durch aufgewühlt. Solche Zustände sind ein Warnzeichen, dass wir diese Schicht
stärken und freundliche Worte für uns finden müssen – allein oder mit Unterstützung anderer Menschen.

Konzentriere dich auf diese Schicht ...
*... wenn ein Projekt oder eine Aufgabe deinen
vollen Einsatz verlangt und du deine positive
Selbstwahrnehmung stärken musst.*

Schicht 4 – Der Astralleib oder die Ebene der oberen mentalen Aura (wo unser Herz ist)

Wollten wir die Aura in zwei Hälften teilen, so könnten wir die vierte Schicht, den Astralleib, als den Bereich bezeichnen, der zwischen allen Qualitäten liegt, die zu unserem Menschsein gehören, und den Aspekten, die unsere spirituelle Seite ausmachen. Diese Schicht verbindet alle überweltlichen Dinge mit dem Mentalkörper und vermittelt sie von einem zutiefst spirituellen Standpunkt aus. Diese Schicht ist auch mit dem Herzen verknüpft – und dem Herzchakra, der Königin aller Energiezentren. Wenn wir sagen, dass wir auf unser Bauchgefühl hören oder unserem Instinkt vertrauen, dann ist diese Schicht aktiv.

Auf dieser Ebene der Aura schwingen unsere höheren geistigen Einstellungen. Hier haben wir die Frequenzen von Selbstliebe, bedingungsloser Dankbarkeit und Selbstlosigkeit abgespeichert. Hier ist festgehalten, wie wir emotional zum größeren Ganzen stehen, zur Welt und zum Universum. Somit ist das auch die Ebene, in der Überzeugungen gespeichert sind, die uns ermöglichen, mit »Gleichgesinnten« Kontakt aufzunehmen, also mit Menschen, die unsere Visionen und unsere Werte teilen. Eine Fülle an Selbstliebe, Dankbarkeit und Selbstlosigkeit ermöglicht uns hier, Vertrauen in die wahre Natur unseres Selbst zu entwickeln und diese Qualitäten energetisch in die Welt zu projizieren.

Innere Dialoge üben auf dieser Ebene einen gewaltigen Einfluss auf dein »Signal« aus. Jedes Mal, wenn du in den Spiegel schaust und etwas Schlechtes über dich denkst, leerst du dieses Reservoir. Auch wenn dir andere Leute hasserfüllte oder gemeine Dinge an den Kopf werfen, solltest du ihre feindseligen Schwingungen oder fehlgeleiteten Meinungen nicht eine Sekunde an dich und dein Licht heranlassen. Diese Schicht reagiert ausgesprochen stark, wenn wir emotional eine Trennung durchleben. Oder wenn wir das Gefühl haben, jemand oder etwas, das uns sehr wichtig ist, entgleitet uns und wir sind seelisch deshalb völlig am Boden. Solltest du dich gerade in einem solchen Zustand befinden, dann kannst du mit dieser Ebene im Kapitel »Wie du deine Aura pflegst« arbeiten.

Konzentriere dich auf diese Schicht …
... *wenn du Menschen anziehen willst, die zu dir passen, deinen »Stamm« sozusagen. Oder wenn du mehr Liebe für dich und andere in dein Leben bringen willst und Herzenskummer heilen möchtest.*

Schicht 5 – Das ätherische Idealbild oder die Ebene der spirituellen Aura (unser Selbstausdruck)

Auf der fünften Ebene werden die Dinge so richtig magisch – denn das ist die Ebene der Manifestation. Das heißt, du sendest hier einen Wunsch aus und ziehst das Gewünschte in dein Leben. Deswegen bestehen starke Verbindungen zwischen dieser Schicht und dem Energiezentrum des Halschakras. Diese Ebene ist unglaublich vielschichtig, denn ihre Schwingungen spiegeln unsere spirituelle Gesundheit wider sowie unsere Verbindung zu unserem unmittelbaren Umfeld und zum Universum. Die Energie dieser Ebene ist ein exaktes Abbild unserer Persönlichkeit und unserer Energie insgesamt – sozusagen eine Blaupause unserer gesamten Identität.

Arbeiten wir bewusst mit dieser Schicht, können wir uns wirklich mit der spirituellen Ebene anderer Menschen verbinden. Dann haben wir das Gefühl, als würden wir einen Menschen, den wir gerade kennengelernt haben, nicht erst seit fünf Minuten, sondern schon seit fünf Jahren kennen. Oder wenn wir eine Freundin nur alle Jubeljahre sehen, aber sofort wieder dort anknüpfen können, wo wir energetisch und auf gute Weise angefangen haben – selbst wenn seitdem sechs Monate oder sechs Jahre ins Land gegangen sein sollten. Menschen, deren Energie dir auf dieser Ebene frei zufließt, können dir das Gefühl geben, dass sie dir näher sind als deine Familie. Dies ist ein ganz besonderer Ort, um sich mit anderen Leuten zu verbinden, aber – und das ist ein großes Aber – nicht alle Menschen schwimmen auf den Wellen dieser Ebene. Grundsätzlich können wir das alle, doch manche Leute haben das eingeschaltet, was ich den »Typisch-Mensch-Modus« nenne – und verharren brav in ihrer sicheren Ecke an einem geschützten Ort. Die Grenzen ihrer Ansichten und Überzeugungen zu überschreiten fühlt sich (fast wollte ich sagen: »fürchtet sich«) für sie als nahezu unmöglich an, auch wenn sie sich im Grunde ihres Herzens eben danach sehnen.

Wenn mit dieser Ebene etwas nicht stimmt, dann merken wir dies sehr schnell an unseren Emotionen – was sich wiederum in unseren Worten zeigt. Wir werden zynisch, verurteilen uns selbst und andere. Wir können uns geradezu bedroht fühlen, als stünden wir mit dem Rücken zur Wand, blockiert in unserer spirituellen Entwicklung. Doch da wir uns diese Geschichten selbst erzählen, können wir auch auf sie setzen, um unsere Schwingungsenergie zu verändern bzw. zu erhöhen. »Ausdruck« ist hier das entscheidende Stichwort, da, wie du weißt, unser ätherisches Muster mit dem Halschakra verbunden ist. Also: Schreie, brülle, tanze, drücke dich aus – *lass alles raus!*

Konzentriere dich auf diese Schicht ...
... wenn du auf einer höheren Ebene nach Kontakt strebst; wenn du Eifersucht oder Verletzungen, die man dir zugefügt hat, ausmerzen willst, deine Emotionen besänftigen und deine Wahrheit ausdrücken möchtest.

Schicht 6 – Der himmlische Körper oder die Ebene der intuitiven Aura (das Verständnis unserer Träume)

Zum himmlischen Körper, der sechsten Schicht unserer Aura, habe ich eine besonders innige Beziehung, denn er ermöglicht uns, über uns, unsere Ideen und unsere Beschränkungen hinauszugehen und stattdessen einen Ort erhöhter spiritueller Wahrnehmung zu betreten. Einen Ort, der reich ist an Wissen und wunderbaren intuitiven Aha-Momenten. Hier geht es darum, sich vertrauensvoll tragen zu lassen vom Leben, statt irgendetwas erzwingen zu wollen. Ich fühle mich auch deswegen so stark zu dieser Schicht hingezogen, weil wir hier unsere Träume abspeichern – Träume von Wachstum, von aufregenden Entdeckungen, Liebe und Romantik. Diese Schicht ermöglicht uns, diese Träume dem Universum zu übergeben, damit sie sich in der materiellen Welt manifestieren können. Hier ist der ideale Ort, sich mit der eigenen Intuition zu verbinden und uns von ihr in weitere und höhere Dimensionen führen zu lassen. Aufgrund dieser Fähigkeit besteht eine starke Verbindung zwischen dieser Schicht und unserem dritten Auge, das uns eine intuitive »Sicht« ermöglicht.

Ist diese Schicht ausbalanciert, so erleben wir eine erhöhte spirituelle Wahrnehmung. Hier ist der Ort, wo wir energetisch an die Dinge glauben können, die für unser physisches Auge nicht sichtbar, aber doch von grenzenloser Kraft sind. Mit der Energie dieser Schicht zu arbeiten ermöglicht uns, uns der Magie des Universums anzuvertrauen, ohne dass menschliche Sorgen und Bedenken unseren Weg blockieren. Wir verbinden uns mit unserer »grobstofflichen« Kraft der Manifestation, greifen auf, was wir in der fünften Schicht kommuniziert haben, und bauen dies spirituell noch weiter aus.

Dies ist auch der Ort, an dem Vergebung und Akzeptanz »zu Hause sind« – unsere wahre Natur, deren Wesen, Frieden, Geduld und Ruhe, uns befähigen, zu verzeihen, zu akzeptieren und zu vertrauen. Sie macht uns stark, gibt uns das Gefühl, »sicher« zu sein, und, was das Wichtigste ist, sie lehrt uns Güte.

Wenn Menschen an dieser Schicht ihrer Aura gearbeitet haben, können wir das deutlich spüren, denn in ihrer Gegenwart fühlen wir uns, ohne zu wissen warum, geschützt und verbunden mit einem größeren Leben als dem, das sich unmittelbar vor unserer Haustür abspielt. Wenn diese Schicht nicht schwingt, können wir das deutlich spüren. Dann fühlen wir uns stumpf, fast so, als wäre unser kreativer Funke erloschen. So, als würde nichts »Neues« mehr kommen, als fände es gar nicht zu uns. Dann müssen wir unbedingt unsere Wahrnehmung reinigen, damit wir fähig werden, unserer spirituellen Sicht zu vertrauen, und Zugang finden zur Stimme unserer Intuition.

Konzentriere dich auf diese Schicht ...

... wenn du deine Träume realisieren möchtest, deine Intuition stärken und dich mit deiner spirituellen Natur und dem Universum verbinden willst.

Schicht 7 – Die kausale Ebene oder die Ebene der absoluten Aura

Die siebte Schicht wird auch als kausale Ebene bezeichnet (in Bezug auf die Seele und unser spirituelles Gleichgewicht), doch ich nenne sie gern den »Schleier«. Es ist diese Ebene, auf der unser persönlicher siebter Himmel liegt, und diese Schicht ist erfüllt von unserem reinsten Potenzial. Sie verbindet uns mit dem Göttlichen, egal, in welcher Gestalt du es erfährst oder in welcher Form du daran glaubst. Sie versucht auch, alle anderen Schichten deiner Aura miteinander zu harmonisieren und sie zur Ruhe zu bringen. Auf dieser Ebene wird die Blaupause deiner Seele verfeinert und vervollkommnet. Sie ist eine Art Supercomputer, der alle Erfahrungen deiner Seelenreise aufzeichnet – Erfahrungen aus früheren Leben eingeschlossen, denen deine Seele versucht, den Stachel zu nehmen. Oder für die du belohnt wirst in Form des Wissens, das du auf deiner Lebensreise angesammelt hast. Als Schicht mit der höchsten Schwingungsenergie ist die kausale Ebene ein direkter energetischer Draht, der uns mit dem Göttlichen verbindet. Sie steht in Beziehung zum Kronenchakra, welches auf dem Scheitelpunkt des Kopfes liegt und uns mit der höheren Macht verbindet.

Wenn diese Schicht in Schieflage geraten ist, merken wir das daran, dass wir die Hoffnung verloren haben oder uns in unserem Körper nicht wohlfühlen. Unsere Gedanken drehen sich im Kreis, statt frei zu strömen, und statt offen und aufgeschlossen zu sein, sehen wir den Wald vor lauter Bäumen nicht.

Konzentriere dich auf diese Schicht ...

... wenn du nach innerem Gleichgewicht und Klarheit suchst und dein Wissen und dein Dasein auf ein stabileres Fundament stellen willst.

»Verbinde dich mit deiner Schwingung, mit deiner Frequenz, und beobachte dann, wie das Universum dir sein machtvolles Echo schickt.«

EIN FARBEN-PRÄCHTIGER REGENBOGEN: WAS DEINE AURA DIR SAGT

»Du bist ein hochfrequentes, farbcodiertes Energie-Leuchtfeuer und bestehst aus vielfarbig strahlendem Licht!«

Die Sängerin Cyndie Lauper feierte ihre größten Erfolge in den 1980er-Jahren mit Songs wie *True Colors*. Dort singt sie:»*... I see your true colors shining through ... Your true colors – True colors are beautiful – Like a rainbow (... ich sehe deine wahren Farben durchscheinen ... deine wahren Farben – wahre Farben sind schön – wie ein Regenbogen)*«. Und sie hat damit absolut recht.

Wenn du an deiner Aura arbeitest, dann wirst du »sehen«, wie sich dir über die einzelnen Schichten allmählich verschiedene Farben zeigen und wie sich die Schattierungen dieser Farben von Tag zu Tag verändern. Jede Farbe hat eine Bedeutung, enthält eine Botschaft, wenn du so willst. Jede Farbe ist ein ehrliches Spiegelbild deiner augenblicklichen emotionalen, physischen und geistigen Verfassung. Die einzelnen Farben zu sehen und ihre Bedeutung zu kennen, gibt dir ein zuverlässiges Gespür dafür, wo du gerade stehst. Wobei du immer im Hinterkopf behalten solltest, dass deine Energie sich täglich verändert. Manchmal kann es auch an schlechten geistigen Gewohnheiten bzw. der niederfrequenten Schwingung deines Umfelds liegen, dass du dich schwach fühlst. Denke also immer daran: Solche Zustände sind nicht auf ewig festgeschrieben. Du kannst diese Farben und die Schwingungen, die sie mit sich bringen, jederzeit aufhellen, damit sie sich zu ihrer vollen Strahlkraft entfalten!

Das Erste, was du dazu wissen musst: Die Leuchtkraft einer Farbe – ihr Strahlen und ihre Reinheit – hat eine Bedeutung. Es ist diese Leuchtkraft, die uns interessiert: Ein dunkles, strahlendes Marineblau präsentiert sich dem Auge als starke Energie, doch ein dunkles Rot ist ebenso kraftvoll. Also suche in den Farben, die du siehst, nach dieser strahlenden Qualität. Farben können aber auch dumpf, trüb, matt und glanzlos wirken und sich auch so anfühlen. Wenn du nun das Gefühl hast, dass dein Licht oder deine Schwingung irgendwie getrübt ist, dann erinnere dich daran, dass du auf diesen Zustand nicht festgelegt bist. Er ist nur eine spirituelle bzw. energetische Momentaufnahme, eine Einladung an dich, Veränderungen dort anzustoßen und herbeizuführen, wo du bisher deine innere Wahrheit ausgeblendet hast.

Und denk immer daran: Die einzelnen Schichten deiner Aura haben keine bestimmte feste Farbe. Deine Aura besteht aus den verschiedensten Farben und ähnelt einem Regenbogen: Je näher du ihm kommst, umso deutlicher siehst du, wie die Farben ineinanderfließen und verschwimmen. Manche Farben und die mit ihnen verknüpften Inhalte werden klarer und deutlicher zu dir sprechen als andere. Je nachdem, was du bei dir gerade sehen sollst.

Rot für Stärke

Rot erweist sich als die kraftvolle Farbe, als die wir sie kennen. Sie zeigt präzise an, wie es um deine materielle Schicht, deinen physischen Körper und deine Gesundheit bestellt ist. Siehst du ein strahlendes, klares, frisches, saftiges Rot in deiner Aura, ist das ein Zeichen für Stärke – die Stärke deiner Energie und deines Körpers, aber auch die deines Charakters! Und nicht nur das: Das klare Rot signalisiert, dass du mit deiner Energie gut geerdet bist und einen realistischen Blick auf die Dinge hast. Das verdient in unseren heutigen Zeiten ein »sehr gut«.

Rote Aura-Energie steht für ein aktives, tatkräftiges Individuum, für einen schöpferischen Menschen, der das Leben liebt und die Fülle der Möglichkeiten, die es bietet, in sich trägt. Tanzt du in Strahlen aus Rot, zeigt das, dass du dich in einem entschlossenen, mutigen Zustand des Seins befindest und Vitalität, sexuelle Stärke und Leidenschaft ausstrahlst.

Unterfarbe Rosa

Weniger ungestüm zeigt sich das Rot, das in Richtung samtenes Rosa übergeht. Es signalisiert, dass du ein offener Mensch bist, der sich von seinem Herzen führen lässt. Du verschenkst freigebig deine Zuneigung und bist willens und offen, diese auch anzunehmen, und zwar im selben Maß, wie du gibst. Das zu Rosa gewordene Rot singt das Lied vom Glück und spricht deine Empathie an, die mit Bodenhaftung träumt, wie ein Magier immer leidenschaftlich agiert und – du hast es erraten – sich in Liebe sonnt.

Trübes Rot

Je dumpfer und trüber die Farbe, desto dringender signalisiert deine Energie dir die Notwendigkeit, Wut und Ärger
loszulassen. Solche getrübten Rottöne sind ein Warnsignal
und ein Hinweis auf Reibungen, Sorgen und Unruhe bei dir
selbst, aber auch in Beziehungen oder im Zusammenhang
mit einer belastenden Situation. Nach außen hin kann sich
das in Ängsten, zwanghaftem Grübeln, negativen Gedanken und Verhaltensweisen zeigen, in Unruhe am Tag und
Schlaflosigkeit in der Nacht.

Lass dein Licht wieder strahlen
Ein trübes Rot lädt dich dazu ein, dich in Vergebung dir selbst
und anderen Menschen gegenüber zu üben und die Flamme
der Lebensfreude, die du von Natur aus in dir trägst, neu zu
entzünden.

Orange für Lebensfreude und Lebenskraft

Hell und strahlend ist Orange energetisch gesehen so köstlich und saftig wie die namensgebende Frucht und zeigt Gesundheit an, Spannkraft, Vitalität und eine innige Liebe zum Leben. Menschen, die so strahlen, sind Abenteurer im besten Sinn, erfüllt von reiner, unverfälschter Freude.

Wirbelt reines Orange in dein Lichtfeld, so tut es das mit einem Freudengesang, über den du jubeln kannst, denn sein Strahlen kündigt dir glückliche, aufregende Zeiten an. In einem gesunden Orange spiegelt sich auch deine empfindsame, gesellig-fröhliche, erfolgreiche Persona – die Art und Weise, wie du auf die Umwelt zugehst. Mit Feuereifer willst du dieses energetische Hoch mit anderen teilen und gemeinsam noch mehr von diesen positiven Schwingungen produzieren. Du bist die geborene Führungspersönlichkeit mit vielerlei Stärken, der sich andere gern anschließen! Fantastisch!

Orange leuchtet auch auf, um dein aufmerksames und rücksichtsvolles Wesen ins Rampenlicht zu rücken. Das Licht dieser Farbe lässt dich zielbewusst nach dem Erfolg streben, der in der Zukunft auf dich wartet. Daher solltest du dir deine Weggefährten gut aussuchen. Mit Menschen, die mit deiner Schwingung harmonieren, macht diese Reise Spaß. Leute hingegen, die sich dir nur anschließen, weil sie etwas von dir wollen, rauben dir nur Energie.

Trübes Orange

Fehlt es dem Orange in der Aura an Frische, changiert es in Richtung schmutziges Braun und signalisiert genau das, wonach es aussieht – einen Mangel an Kreativität, Produktivität und Mut in deinem ansonsten strahlenden Charakter. In der Konsequenz hast du vielleicht das Gefühl, dass du dich nicht weiterentwickelst, dass es dir an Frische fehlt oder du energetisch stagnierst. Diese schwer, ja dumpf erscheinenden Schwingungen von orangefarbenem bzw. bräunlichem Licht können eine Aufforderung an dich sein, dich von bestimmten schädlichen Gewohnheiten oder Abhängigkeiten zu lösen. Das kann deine Denkgewohnheiten betreffen, deinen Umgang mit Geld, bestimmte Formen von Freizeitverhalten, die dir eine Abhängigkeit beschert haben, oder andere innere Zwänge: vielleicht deinen Umgang mit sozialen Medien bzw. der Unterhaltungstechnologie, zwanghafte Grübeleien über einen Streit bzw. das Bedürfnis, dir durch Shoppen Befriedigung zu verschaffen.

Lass dein Licht wieder strahlen
Ist dieses himmlische Strahlen getrübt, können wir uns unglaublich faul, träge und reizbar fühlen. Wir versagen uns mehr und mehr alles, was uns Spaß und Freude macht. Um wieder Aufwind zu bekommen, setze dir neue Ziele und löse dich von alten Denkmustern – und geh öfter mal raus ins Grüne!

Gelb für die Ausstrahlung

Geliebtes fröhliches Gelb, du Farbe der Sonne, du Hoffnungsstrahl in unser aller Leben. So wie wir das Licht der Sonne willkommen heißen, so streben wir unterbewusst in die Nähe von Menschen, die gelbe Energie ausstrahlen, und heißen sie in unserem Leben willkommen.

Gelbe Strahlen und Schwingungen umgeben die Schöpferischen unter uns, die Neugierigen und Netten, die Verspielten und Zwanglosen. Stell dir einen verspielten Welpen vor – heute hier, morgen dort, nimmt er die Dinge, wie sie kommen. Wenn du in gelbes Licht getaucht bist, bist du das Gestalt gewordene Lachen (und wir alle wissen, wie prickelnd sich das anfühlt). Du verbreitest Inspiration und Zuversicht. Deine Energie ist ansteckend, und deine Aura und dein ganzes Wesen atmen den Hauch der Freiheit.

Doch es ist nicht alles nur Licht und Spiel und »Alberei« bei denen, die in diesem Energiestrom schwimmen. Denn das Licht, das die Sonne spendet, erfüllt einen Zweck – ohne Sonnenlicht gibt es kein Leben. Menschen, deren Aura gelb pulsiert, strahlen dieses Licht aus und spenden allen, die in ihr Leben treten, Wärme, Freude und Unbeschwertheit. Sie bringen die so bitter benötigte soziale Wärme und Leidenschaft. Wenn du auf dieser Frequenz schwingst und von anderen anfangs zurückgestoßen wirst, solltest du dir klarmachen, dass diese Menschen sich wahrscheinlich jede Daseinsfreude schon so lange verkneifen, dass sie sich von deiner quirligen Energie förmlich geblendet fühlen. Du darfst dein Strahlen keinesfalls dämpfen, nur damit sie emotional in ihrem eng begrenzten Rahmen bleiben können: Leuchte, mein Stern, leuchte, und leuchte hell!

Wie das Sonnenlicht seinen Zweck erfüllt, so durchströmt auch die Menschen, die mit dieser Frequenz schwingen, Weisheit und Frieden, die sie spirituell antreiben. Lass diesen Strom einfach fließen und zweifle ihn nicht an – vertraue deinem inneren Flow.

Unterfarbe Gold

Wenn Gelb seine Schwingung zu Gold erhöht, ist das ein Zeichen von engelhaftem und spirituellem Schutz und der Fülle von allem, was du berührst. Nimm diese himmlischen Gaben dankbar entgegen, wann und in welcher Gestalt sie dir auch immer begegnen mögen!

Trübes Gelb

Zeigen deine Schwingungen ein trübes Gelb, so als würde die Sonne hinter einer Wolke verschwinden, kannst du davon ausgehen, dass dein innerer Wetterbericht auf »bewölkt« steht. Vielleicht siehst du das Leben insgesamt in einem eher trüben Licht oder du lebst zu sehr im Kopf, im Schatten deiner Gedanken. Das ist gerade dann besonders deutlich, wenn Ängste, mangelnde Achtsamkeit und fehlendes Verantwortungsbewusstsein deine Entscheidungen und dein Verhalten beeinflussen. Das kann mit deiner Arbeitssituation zu tun haben, aber auch mit deiner Ernährung. Diese Mentalität des »anything goes« kann selbstzerstörerische Züge annehmen, wenn du ihr keine Zügel anlegst.

Lass dein Licht wieder strahlen

Ein »unreines« Gelb zeigt an, dass es Zeit ist, wieder ins Gleichgewicht zu kommen und zu innerer Stabilität zurückzufinden. Horch in dich hinein und frage dich, warum du dich wie unter einer dunklen Wolke fühlst.

Grün für Nähren und Fördern

Grün sagt: Los, los, los! Es ist die Schwingung der Macher, der Menschen, die fürsorglich nähren und wachsen lassen. Es ist eine Energie wie die frische Luft und mit einer klaren Verbindung zu Herz und Lunge.

Grün kennzeichnet Menschen, die ausgeglichen sind, sich von ihrem Herzen leiten lassen und darüber hinaus geduldig und anpassungsfähig sind. Du bist der geborene Heiler. Allein neben dir zu sitzen oder deine Aura zu streifen, ist Balsam für alle Seelen. Diese wohltuende Wirkung macht sich sofort bemerkbar. Du bist eine Stütze für andere, weil du dich in einem Zustand bzw. einer Phase deines Lebens befindest, die von Wohlergehen, Glück, Gesundheit und Frieden gekennzeichnet ist. Und noch mehr: Dieser Lebensabschnitt ist erfüllt von Wachstum, Fruchtbarkeit und Wandel. Nutze diese Zeit weise und mit der Geduld, mit der du durch diese Farbe gesegnet bist.

Intuition und Instinkt funktionieren bei dir gut. Du kannst günstige Gelegenheiten oder auch die Wahrheit förmlich riechen. Deine natürliche Schwingung ist die eines Menschen, der neugierig auf andere Menschen ist. Pass aber auf, zu wem du dich hingezogen fühlst. Wer die Dinge gerne in die Hand nimmt, weil seine Energie lebhaft grün strahlt, neigt häufig dazu, das Leben anderer Leute in Ordnung bringen zu wollen. Solche Menschen gehen sehr großzügig mit ihrer Kraft und Zeit um. Doch auch wenn du es als deine soziale Pflicht empfindest, vergiss nicht: Als Erstes musst du immer für dich selbst sorgen.

Trübes Grün

Dies kann ein Anzeichen dafür sein, dass deine momentane Verfassung von Unsicherheit, Eifersucht, Schuldgefühlen oder Neid bestimmt ist, was sich nachteilig auf deine Entwicklung auswirkt. In der Folge hast du womöglich angefangen, dich selbstsüchtig zu verhalten, und begonnen, die frische Erde aufzugraben, in der deine grünen Wurzeln tief verankert sind, um dort nach altem Groll zu wühlen – und alte Wunden aufzureißen, statt deine Lebenslust neu zu beleben!

In einem »schmutzigen« Grün kann sich auch eine allzu materialistische Einstellung widerspiegeln. Wie hältst du es zum Beispiel mit Online-Shopping? Wie viele Dinge häufst du bloß an, weil du sie dir leisten kannst, und nicht, weil du sie brauchst?

Lass dein Licht wieder strahlen
Eine gute Methode, um diese Farbe wieder zu harmonisieren, ist, sich an Glück und Wohlstand anderer zu freuen und jegliches Wachstum zu fördern.

Blau für Selbstausdruck

Im blauen Bereich zu sein, ist wie Platz eins beim Wettbewerb, wer der oder die Coolste ist – du bist offiziell anerkannt als total lockerer Charakter. Deine Schwingung ist harmonisch, gelassen und ruhig. Und du hast deine eigenen Ansichten. Du besitzt die Fähigkeit, dich auf klare Weise auszudrücken und zu kommunizieren und findest mit der Aufrichtigkeit und Gelassenheit, die dich emotional und energetisch auszeichnen, immer die richtigen Worte. (Schließlich ist diese Farbe mit dem Kehlkopfchakra verbunden.)

Blau ist die Farbe der Menschen, die künstlerisch begabt sind oder mit künstlerischen Projekten zu tun haben. »Künstlerische Begabung« beschränkt sich hier nicht darauf, dass du mit Bravour den Pinsel schwingst. »Kreativität« kann sich in allen möglichen Formen zeigen: im Gebrauch von Sprache oder Worten, in organisatorischem Geschick oder im Umgang mit Menschen. Daher ist es wichtig, dass du dich tiefer in diesen Begriff versenkst und herausfindest, was »Kreativität« jenseits der Definition im Wörterbuch für dich bedeutet.

Blau verbindet dich auch mit deiner Intuition – ein Wissen, dass das, was dich durchströmt, größer ist als du. Und verleiht dir die Fähigkeit, diesen intuitiven Anteil in dir ohne Hilfe von außen zu erkunden. Du bist spirituell auf der Suche und mit einer Vorstellungskraft gesegnet, die ein unglaubliches Potenzial hat.

Trübes Blau

Wenn Blau sein Strahlen verliert und die Farbe dieser Energie diffus wird, kann man von dir vermutlich sagen, dass du den »Blues« hast. Dann kann aus deinem erleuchteten Selbst ein launisches werden. Dein sonst so frei fließendes, selbstloses Naturell kann sich in Richtung Kontrollfreak entwickeln, der jedem und allem misstraut und an allem und jedem etwas auszusetzen hat.

Lass dein Licht wieder strahlen
Um Blau wieder auszubalancieren, schreibe, singe und nimm auf Band auf, was immer du dir von der Seele reden musst. Blas dein energetisches Rohrleitungssystem mit Stimmgewalt durch – und hab keine Angst vor dem, was es verstopft!

Türkis für inneres Strahlen und Heilen

Überwiegt diese Farbe in deiner Schwingungsenergie, so ist das etwas ganz Besonderes. Wenn du energetisch im Türkisblau der Karibik »schwimmst«, zeigt dies den Zustand tiefen spirituellen Verbundenseins. Praktisch kann sich das so äußern, dass du dich bewusst oder unbewusst zu den Heilkünsten hingezogen fühlst und sie, wenn nicht zu deinem Beruf, so doch zu deinem Hobby machen möchtest. Es ist eine wunderbar kraftvolle und seltene Schwingung, in der du dich bewegen kannst. Sie erinnert dich an deine Einzigartigkeit und das magische Gefühl von Harmonie, das du in deinem Inneren verwirklicht hast. Da die meisten Menschen dieses Ziel anstreben, darfst du stolz auf dich sein.

Es ist an der Zeit, dir bewusst zu machen, was dich besonders macht. Das soll aber nicht heißen, dass du jetzt narzisstisch oder eingebildet werden sollst – jeder von uns ist auf seine ganz spezielle Art einmalig. Denk immer daran, dass das Spektrum dessen, was Heiler sein bedeutet, sehr weit gefasst ist. Und überlege dir, wie du diese Kunst anderen vermitteln kannst, ohne dich selbst dabei auszubeuten. Und wie du mehr davon geben kannst, um dein Strahlen zu stärken!

Diese Farbe ist ein klares Zeichen dafür, dass du nun wieder Glück und Erfolg haben wirst oder schon wieder hast. Lass dich darauf ein, denn jetzt ist es an der Zeit, deine Schätze zurückzugewinnen.

Trübes Türkis

Diese Farbe erscheint nur selten unrein, denn sie signalisiert maximale Verwirklichung. Solltest du trotzdem einmal das Gefühl haben, dass Wolken über deinem klaren Wasser aufziehen, kannst du annehmen, dass du dich, von Neid getrieben, in fremden Hoheitsgewässern herumtreibst.

Lass dein Licht wieder strahlen
Mache dir wieder bewusst, wie reich gesegnet du bist, damit dein eleganter Glanz erneut zum Leuchten kommt.

Indigo, Lila und Violett für Aufmerksamkeit und Elnfühlungsvermögen

Dies sind die Farben der Wissbegierigen, Einfühlsamen und all derer, die einen spirituellen »Draht« haben. Diese Schwingung, diese Energie inspiriert andere, Gutes zu tun und gut zu sein. Wenn dein Spektrum reich an diesen Farben ist, dann konzentriere dich auf dein Talent als Redner, Lehrer, Künstler oder welches Gebiet auch immer es ist, in dem du dich bewegst. Violette Strahlen sind oft ein farbliches Indiz für Menschen, die sensibel veranlagt sind, ohne dass ihnen dies wirklich bewusst wäre.

Menschen, die die reichen, warmen Tönungen violetter Schwingungen umhüllen, sind einfühlsam, weise, achtsam und zutiefst gütig – Qualitäten, die sie wie von Zauberhand auch anderen vermitteln. Sie verweilen lange Zeit in den Tiefen ihrer selbst. Sie sollten darauf achten, sich mit Menschen zu umgeben, die ihre Güte und Selbstlosigkeit widerspiegeln, um ihre zutiefst kindliche Unschuld zu schützen und zu würdigen. Geh behutsam um mit diesem Lichtstrahl – er ist kostbar.

Bist du in violettes Licht getaucht, so bist du ausgesprochen feinfühlig, und zwar auf gute Weise – die Verkörperung aller oben aufgezählten Eigenschaften. Dieses energetische Licht zeugt auch von Klugheit und geistiger Unabhängigkeit.

Trübes Violett

Ist dein violettes Licht fleckig, trüb oder düster, dann frag dich, wie ehrlich du bist. Denn es kann ein Hinweis darauf sein, dass du dir etwas vormachst. (Mögen es auch noch so kleine Lügen sein.) Ein »schmutziger« Farbton kann auch auf falsche Wahrheiten hindeuten, an denen wir festhalten. Es müssen gar keine schlimmen Lügen sein, vielleicht gaukelst du dir nur vor, dass dir wirklich etwas an einem Job oder einem bestimmten Freundeskreis liegt. Eine trübe Farbe spricht auch dafür, dass deine Selbstgenügsamkeit längst zur Selbstverliebtheit geworden ist.

Lass dein Licht wieder strahlen
Verlass deinen Kopf und kehre zurück zur Wahrheit deines Seins – ehrlich und aufrichtig.

Grau und Schwarz für Schutz

Gelten Schwarz und Grau nach landläufiger Meinung nicht als trist und leblos? Nun, die Wahrheit ist die: Wenn diese Farben leuchten, stehen sie für die Energie von Schutz, Intelligenz und Verlässlichkeit. Vielleicht sind das Qualitäten, die nicht jeder wirklich schätzt, aber ist »zuverlässig« und »sicher« tatsächlich immer gleichzusetzen mit »langweilig«? Nein! Und vielleicht leuchten Schwarz und Grau heute in deinem Spektrum auf, weil dein Energiesystem intelligenterweise auf »abgesicherten Modus« – Selbstschutzmodus – geschaltet hat. Du könntest dich also fragen: Warum? Und vor wem oder was will ich mich schützen? Vielleicht sogar vor mir selbst? Oder vor einer Situation, die zur Belastung geworden ist?

Noch eine gute Nachricht zum Schluss: Diese Farben sind auch Kennzeichen von Menschen mit Stil!

Trübes Grau oder Schwarz

Wie eine schwere Gewitterwolke zeugt ein stumpfes schwarzgraues Licht in der Aura von Wut, Anspannung und Verwirrung. Es tritt bei Menschen auf, die sich Untergangsstimmungen hingegeben haben. Frag dich selbst: Wo will ich nicht verzeihen? Wo sitzt der Schmerz? Erlaube dann der Sonne, mit ihrem Licht alles zu verbrennen, was dich traurig macht.

Der Schimmer von trübem Schwarz und Grau kann auch auf Verletzungen aus früheren Leben hindeuten. Oder auf die Notwendigkeit, etwas loszulassen, von dem du nicht einmal weißt, dass du es mit dir herumschleppst – einen energetischen »blinden Passagier« sozusagen. Schärfe dir ein, dass du bereit und willens bist, deinen Widerstand aufzugeben und dich vom Bedürfnis, an dieser Schwingung festzuhalten, löst.

Lass dein Licht wieder strahlen

Hol dir Hilfe – ein bisschen weniger »Ich« und ein wenig mehr »Wir« bringt dich so viel weiter. Du hast dich lange genug allein durchgeschlagen.

Weiß und Silber für kindliches Staunen

Diese Farben verweisen auf die Energie von Menschen, die die Anmut eines Schwans besitzen. Beide Farben sind Zeichen von Herzensgüte und ein Symbol für Menschen, deren Energie und Emotionen so rein sind, dass sie gleichsam die Unschuld eines Kindes besitzen.

Menschen, deren Energiespektrum diese Farben zeigt, verkörpern etwas Frisches: Sich in ihrer Gegenwart aufzuhalten fühlt sich an, als hätte man im stickigsten Zimmer des Hauses gerade das Fenster aufgemacht. Doch sie bewirken noch viel mehr: Sie bringen diese Schwingung in jeden Raum eines jeden Hauses, das sie betreten.

Weiß und Silber deuten auf Menschen hin, die einen hohen Grad an spiritueller Verwirklichung erreicht haben, auf Menschen, die imstande sind, sich durch Meditation, durch gute Gedanken und Taten auf ganzheitliche Weise aus ihrem »Verkopftsein« zu lösen.

Sind Weiß und Silber als Farbe nicht konstant, sondern blitzen vielmehr als Funken in anderen Farben deiner Aura auf wie kleine Engel, die eine andere Farbe verwandeln, zeigt sich etwas »Neues«: eine neue Gelegenheit, ein neues Leben, ein Neuankömmling – sei es eine gute Nachricht oder ein Baby. Empfange sie mit offenen Armen!

Trübes Weiß oder Silber

Wirkt dein Weiß oder Silber etwas schmuddelig, so kann das bedeuten, dass du letzte Nacht ordentlich gefeiert hast – zu viel Alkohol, zu viel Zucker, zu viele Dinge, die gesellschaftlich als verpönt gelten.

Lass dein Licht wieder strahlen

Trink viel Wasser, schlafe und nimm dir Zeit, um dich zu regenerieren.

»Du bist ein
wunderbares
Meer von
regenbogenfarbiger,
hochfrequenter,
sich weit
verströmender
Energie.«

LERNE, DEINE AURA ZU »SEHEN«

»Wenn du die Sprache deines Regenbogens lernst, kannst du dich mit der Energie verbinden, die der Schlüssel zu deinem Leben ist.«

Jetzt kommt der wunderbare Moment, in dem wir unser theoretisches Wissen aus dem Zeitalter des Jetzt in die Praxis umsetzen. Es ist höchste Zeit, die eigene Aura zu erkunden, sie zu sehen, zu spüren, zu verstehen und sich mit ihr zu verbinden. Die folgenden drei Übungen wurden so entwickelt, dass du »scheibchenweise« dazulernst. So, wie deine Aura sich aus Schichten aufbaut, wirst du nun Schritt für Schritt deine Kenntnisse vertiefen.

Möglicherweise stimmst du dich jetzt zum ersten Mal auf deine Aura ein und kannst sie sofort klar sehen. Aber sei bitte nicht enttäuscht, wenn das, was du »siehst«, nicht deinen Erwartungen oder Vorstellungen entspricht. Das heißt nicht, dass du es nicht »kannst«, sondern nur, dass du dich eingehender und tiefer mit dem »Wie« befassen musst. Was wir tatsächlich entwickeln sollten, ist Vertrauen und Glauben an uns selbst. Damit meine ich die Gewissheit, dass das, was du »siehst« und spürst, *für dich* richtig ist.

Da jeder von uns als Individuum einmalig ist, unterscheidet sich, wie wir unsere Aura »sehen«. Bei manchen funktioniert es, wenn sie von Anfang an die Augen offen lassen. Andere erzielen bessere Ergebnisse, wenn sie ihre physischen Augen schließen und sich auf ihr drittes Auge, ihre spirituelle, intuitive Sicht, konzentrieren. Vielleicht funktioniert es auch heute auf die eine Weise besser, morgen auf die andere, da wir und unsere Energie ja einem ständigen Wandel unterliegen.

Wenn wir hier von »Sehen« reden, dann ist das nicht so, als würdest du das Display deines Handys betrachten oder das, was sich vor dir abspielt. So kann es zwar tatsächlich sein, aber bei den meisten Menschen ist dieses »Sehen« ein Prozess, bei dem sie nach innen gehen und sich mit ihrer Intuition, ihrem geistigen Auge, verbinden – um dann von innen hinaus in die Welt zu »blicken«. Es ist, als würdest du deine eigene Magic-Eye-Brille tragen: Plötzlich siehst du Dinge, die die ganze Zeit schon da waren, aber du musstest erst die Brillengläser austauschen und deinen Fokus verändern, um sie zu sehen. (Erinnerst du dich noch an die Buchreihe mit dem Titel *Das magische Auge*? Wo du ganz unfokussiert auf ein Bild schauen musstest, damit das verborgene Motiv dahinter in den Fokus kam und sichtbar wurde? Buchstäblich … magisch!)

Doch ob wir nun unsere physischen Augen auf- bzw. zu-haben, eines sollte uns immer klar sein: dass wir in Wahrheit im einen wie im anderen Fall mit unserem geistigen (dem dritten) Auge schauen. Das dritte Auge ist der Ort unseres spirituellen Sehvermögens. Es befindet sich auf der Stirn zwischen unseren Augenbrauen. Das dritte Auge ist mehr als nur ein Energiezentrum. Hier sind tiefes Wissen und Sehen beheimatet. Es ist ein Ort, an dem du schon oft gewesen bist, vermutlich ohne es zu merken. Zum Beispiel in einem Tagtraum oder im Tiefschlaf, denn das dritte Auge ist die Schnittstelle, über die wir mit unserem treuesten Verbündeten, unserer Intuition, kommunizieren.

Unsere Intuition oder unser sechster Sinn, wie sie auch genannt wird, ist wie ein zweiter Atemstrom, der durch unseren Körper fließt und uns liebevoll leitet. Die Intuition ist der Gegenpol zum Ego. Unsere Intuition sagt uns: Du kannst das. Sie zeigt uns, wo wir blockiert sind und wie wir uns befreien können. Leider wurde nur wenigen von uns beigebracht, wie wir uns für die Stimme unserer Intuition öffnen können. Doch wir müssen nicht mehr tun, als beim Ego die Lautstärke zu reduzieren, damit die Intuition durch-klingen kann.

Wir verbinden uns im Übungsteil dieses Kapitels mit unserer Intuition, weil sie uns ein höheres Verständnis von Geist und Universum ermöglicht. Wenn wir uns bei diesen Übungen in den Bereich des dritten Auges begeben, stoßen wir nicht nur eine Tür auf, die uns zu einem faszinierenden Teil unseres Selbst führt. Wir schlagen auch unseren ganz eigenen Weg ein, um das große Ganze zu »sehen« – und entwickeln das Vertrauen, dass das, was wir sehen, richtig ist.

Es gibt nur eine Methode, wie du all das erlernen kannst: probieren, üben und damit herumspielen. Und genau dazu sind die folgenden Übungen da: um deine einmalige Art des »Sehens« zu entdecken und dieses Neue zu kultivieren. In diesen Übungen gibt es drei aufeinander aufbauende Stufen, durch die ich dich führen werde. Dabei sollte dir immer klar sein, dass diese Übungen ein Werkzeugkasten sind, mit dem du ständig arbeitest. Also nichts, was du einmal machst und dann abhakst!

Was du noch wissen musst, ist, dass du zu Anfang deine Energie und ihre Farbe vielleicht eher »fühlst«. Also beginnen wir damit, dass du zunächst sanft in deine Aura hineinspürst. Das ist der erste Schritt hin zum »Sehen« deiner Aura. Denn wenn du weißt, wie sie sich anfühlt, weiß deine Intuition auch, mit welcher Absicht du an eine Übung herangehst und wonach du »Ausschau hältst«.

Mein Rat an dich ist, dass du mit der ersten Übung beginnst und drei Tage lang täglich mit ihr arbeitest, bevor du zur nächsten Technik übergehst. Wenn du auf diese Weise alle Übungen einmal »durch« hast, kannst du die einzelnen Übungen täglich machen und deinen eigenen Ablauf finden. Du wirst merken, wenn du zu viel des Guten tust (sobald sich Frust breitmacht). Ebenso wirst du spüren, wenn du zu wenig tust. (Weil du zum Beispiel keine Lust hast, etwas auszuprobieren. Darum hier zur Frinnerung: Mit dieser Stimme spricht das Ego, das dich »schützen« will – was heißt: Es will dich innerhalb der Grenzen der sogenannten »Normalität« festhalten.)

Stufe 1:
Spüre deine Aura als Energiekugel

Fühlen ist energetisch aufgeladener Glaube. Du kannst Stufe 1 so oft wiederholen, wie du möchtest, weil es erstens Spaß macht und weil es dich zweitens daran erinnert, dass deine Energie und deine Aura immer »da« sind. Je bewusster wir uns unserer Aura werden (du hast es schon geahnt), desto stärker vertrauen wir ihr, fühlen und »sehen« wir sie.

Ich mache diese Übung gerne und fast jeden Morgen, um mir über meine energetische Verfassung klar zu werden und mich daran zu erinnern, dass ich mehr bin als das, was ich vor mir im Spiegel sehe. Durch diese Übung werden wir uns unserer Energie stärker bewusst. Ich finde, dass es keinen besseren Start in den Tag gibt als diesen »Energieschub« – eine köstliche energetische Alternative zum Frühstückskaffee!

Bei allen Übungen geht es immer um dich ganz persönlich. Daher kannst du sie zu jeder Tageszeit machen, die dir zusagt. Wenn du feststellst, dass es besser für dich ist, vor dem Einschlafen zu üben, weil die Geschäftigkeit des Tages dann von dir abgefallen ist und du entspannter bist, dann übst du eben dann. Das Wichtigste ist, dass du zum Üben einen ruhigen, friedvollen Ort hast, der auch bequem ist. (Deswegen ist oft mein Bett mein bevorzugter »Übungsraum«.) Wenn du deine Aura-Arbeit an einem speziell diesem Zweck gewidmeten Platz beginnst, lädst du eine sehr heilige Energie an diesen Ort ein. Mit der Zeit wird es dir ein Gefühl großer Geborgenheit geben, an diesen Ort nur zu denken oder sich ihm zu nähern.

• Wenn du diese Übung zum ersten Mal machst, nimm eine bequeme Sitzhaltung ein. Du kannst entweder auf einem Stuhl sitzen, wobei du die Fußsohlen flach auf dem Boden aufliegen lässt, oder du setzt dich mit übereinandergeschlagenen Beinen auf ein Kissen am Boden. So verbindest du deine Energie mit der Erde, was dir beim Üben das Gefühl von Kraft und Unterstützung gibt. Hast du diese Übung fünf oder sechs Mal gemacht, bist du mit ihr vertraut und kannst sie in deinen Alltag integrieren. Fürs Erste aber heißt es: Erden und verwurzeln!
• Reibe nun deine Handflächen etwa fünf Mal ganz schnell aneinander und übe dabei leichten Druck aus. (So, als würdest du gerade aus der Kälte kommen und möchtest wieder ein bisschen Wärme in die Gliedmaßen bringen.)
• Nachdem du die Hände aneinandergerieben hast, lege die Handteller eng zusammen und atme langsam ein und aus.
• Nun bewegst du die Handflächen sehr langsam, wirklich millimeterweise, auseinander. Du kannst dabei die Augen schließen, wenn es dir dann leichter fällt. Führe die Hände so weit auseinander, dass gefühlt ein Schuhkarton der Länge nach dazwischen Platz hat. Lass die Hände so und atme ein paar Mal tief ein und aus.

- Dann näherst du die Hände einander wieder an, ebenso langsam, wie du sie auseinanderbewegt hast. So weit, bis du die Kraft bzw. die Dichte der Energie zwischen deinen Händen spüren kannst.
- Was du jetzt spürst, ist *deine* Energie – deine Aura, deine Schwingung, deine Power! Du hast eine Energiekugel geschaffen!
- Mach dir keine Gedanken, wenn du beim ersten Versuch nichts gespürt hast. Es braucht vielleicht ein paar Anläufe, bis du es schaffst und deinem Verstand bzw. deinem skeptischen Ego erlaubst, mal in den Hintergrund zu treten. Hattest du bei der Übung die Augen offen, dann versuche es das nächste Mal mit geschlossenen Augen und umgekehrt. Lass dir in jedem Fall Zeit und geh es langsam an.

Du kannst dir mit dieser Energiekugel zugleich etwas Gutes tun. Zum Beispiel bewege ich, sobald ich meinen Energieball fühle, meine Hände noch weiter auseinander und lasse ihn so größer werden. Als Nächstes lege ich meine Hände (also meine Energie) sanft auf meine Augen (oder jede andere Körperpartie, die Zuwendung braucht). So »transportiere« ich frische Energie an die jeweilige Stelle, einfach indem ich sie dort ablege. Die Hände bzw. die eigene Energie auf den Augen abzulegen ist ein guter Einstieg, denn das ist, als würde man sich kühles Wasser ins Gesicht spritzen – erfrischend und energetisch belebend. Spüre in dich hinein, wo sonst es sich gut anfühlen würde, heute deine Energie hineinzuschicken.

Stufe 2:
Sieh deine Energie

Vom Fühlen unserer Energie und Aura gehen wir jetzt ganz natürlich dazu über, sie auch zu sehen. Der nächste Lernschritt ist, dass wir die feinstofflichen Aspekte unserer Energie mit unseren physischen Augen wahrnehmen. Die folgende Übung ermöglicht dir, deine Energie zunächst als Licht zu sehen, bevor wir dann noch ihre Farbigkeit dazunehmen. Sie lässt dich besser verstehen, wie deine Energie aussieht. Und sie wird dir später nützlich sein, wenn wir intensiv mit dem geistigen Auge arbeiten, um die Farben und Muster deiner Aura und ihrer Schwingungen zu erkunden.

Wir fangen wieder mit kleinen Schritten an, wobei wir unsere Hände als »Vorlage« nehmen. Was wir an den Händen wahrnehmen, dehnen wir dann auf unseren gesamten Energiekörper aus, um ihn so zu erkunden.

Für die folgende Übung brauchst du eines der folgenden Hilfsmittel: eine weiße Wand, ein Blatt weißes Papier oder einen Spiegel, damit du deine Energie vor einem Hintergrund sehen kannst.

- Nimm an deinem ruhigen Ort Platz. Du sitzt aufrecht auf einem Stuhl, die Fußsohlen flach auf dem Boden, oder mit übereinandergeschlagenen Beinen auf einem Kissen bzw. dem Boden. Du schaust auf eine weiße Wand oder ein Blatt weißes Papier oder einen Spiegel. Idealerweise befindet sich der »Hintergrund« auf Augenhöhe, damit sich dein Nacken nicht verspannt.

- Atme ein paar Mal ein und aus, um ruhig zu werden, und erlaube dir, in deinem Raum anzukommen. Zum Einstieg lässt du, wie auf Seite 92ff. beschrieben, deine Energiekugel entstehen: Hände aneinanderreiben, auseinanderbewegen und wieder annähern, bis du deine Energie spürst. Wir müssen die Energie erst zum Tanzen bringen, denn dann wird es ein wenig leichter, sie später auch zu sehen.

- Halte deine dominante Hand (die, mit der du schreibst) vor die Wand, das Blatt Papier oder den Spiegel, aber lege sie nicht darauf ab.

- Konzentriere dich jetzt auf deinen vierten Finger (den Ringfinger). Wenn du mit einem Spiegel arbeitest, dann schau auf deinen »richtigen« Finger und nicht auf sein Spiegelbild. Sollte jedoch ein anderer Finger intuitiv deine Aufmerksamkeit anziehen, dann übernimmt dieser die Führung. Du kannst hier nichts verkehrt machen. Wie du es machst, ist es richtig.

- Blicke auf die Spitze deines (Ring-)Fingers und lass dann langsam deinen Blick von der Mitte nach links wandern. Das ist eine winzige Bewegung, verschiebe also den Blick ganz sachte und *atme*.

- Während du den Blick auf diese Weise wandern lässt, rücken deine anderen Finger weiter an den Rand deines Gesichtsfelds. Du wirst dir deiner Finger dabei zunehmend bewusst – möglicherweise erscheinen sie vor deinen Augen ein wenig verschwommen.

- Atme ruhig weiter. Entspanne dich und behalte diesen Blick bei. Bald wirst du mit deinen physischen Augen ein schwaches Licht, vielleicht auch eine Art »Nebel«, von weißer oder ins Graue gehender Färbung oder Beschaffenheit wahrnehmen. Dieses Licht umgibt deine Finger unmittelbar oder mit einigem Abstand. So, als wären deine Finger von einem Schemen umgeben, einem Schemen aus Licht. Das ist dein ätherischer Körper, die Schicht der Aura, die am nächsten an deinem physischen Körper liegt.

- Dein Verstand wird dir freilich sagen, dass das bloß daher kommt, weil dein Blick nicht scharfgestellt ist. Ist schon in Ordnung, dafür ist das Ego ja da: aufzupassen, dass du im Rahmen deiner »Normalität« bleibst.

- Eins vorweg: Möglicherweise schmerzen deine Augen, aber vielleicht kannst du diese Augenstellung auch über eine längere Zeit aufrechterhalten. Also geh hinein und wieder heraus, *spiel* mit ihr. Mach diese Übung zu etwas, das dir Spaß macht. Erlaube dir ein Lächeln, wenn du anfängst, es zu sehen. Egal, wie kurz oder flüchtig diese neuen Momente des »Sehens« sein mögen: Je mehr du sie akzeptierst, desto mehr erlaubst du dir, so zu sehen. Je mehr du dir eingestehst, mehr zu sein, als dein Kopf weiß, desto eher wirst du dich dieser Erfahrung öffnen und »sehen«.

- Wenn du das Gefühl hast, dass dein Vertrauen in deine Fähigkeit, den Lichtkörper um deine Hände zu sehen, gewachsen ist, kannst du einen Gang höher schalten und in die dritte Dimension verstoßen.

- Bewege deinen Kopf ganz langsam und schau dir deine Hand von verschiedenen Seiten an, als hättest du eine

3D-Brille auf und würdest damit deine Hand zum ersten Mal betrachten – was in gewisser Weise auch stimmt, denn du »siehst« deine Hand und ihre Aura wirklich zum allerersten Mal in ihrer ganzen Pracht.

- Bewege deinen Kopf nun so, dass du mit deinem Blick deine Fingerspitzen umzirkeln kannst und er sich in die Aura hinein- und wieder herausbewegt – du schaust jetzt tiefer in deine Aura, die deine Finger umgibt. Falls sie dabei verschwindet, macht das nichts. Geh einfach zum letzten Abschnitt zurück und geh in deinem Tempo voran. Mit der Zeit wirst du lernen, deinen Blick durch Blinzeln neu »einzustellen« und da weiterzumachen, wo du aufgehört hast, wenn du deine Aura »verloren« hast.

- Wenn du deine Aura »hast«, dann geh mit dem Kopf zurück, weg von deiner Hand, damit dein Gesichtsfeld größer wird. So kannst du die anderen Schichten deiner Aura wahrnehmen. Vielleicht kannst du schon jetzt Farben sehen, aber in der Regel braucht es dafür einige Zeit, Übung und Geduld. Falls es damit noch nicht klappen sollte, denk daran: Das Wichtigste ist erst einmal, dass du deine Aura, deine Schwingung und deine Energie bewusst erlebst.

- Bitte achte auch darauf, was du in deinen Händen spürst. Je bewusster du dir deiner Aura und deiner Energie wirst, desto deutlicher kannst du sie fühlen. Lass es zu, wenn deine Fingerspitzen bzw. Hände anfangen zu kribbeln, zu pulsieren, zu prickeln, heiß oder kalt zu werden. Registriere diese Dinge aufmerksam, weil sie erstens verstärken, was du siehst, und weil es zweitens eine große Hilfe ist, sich daran zu erinnern, wenn es mal ein bisschen schwieriger ist, etwas zu »sehen«.

Möchtest du lernen, deine Aura zu sehen, solltest du unbedingt mit deinen Händen oder einer anderen kleineren Stelle des Körpers anfangen. So entwickelst du Vertrauen in das, was du siehst und fühlst (auch das kommt mit zunehmender Übung), ohne dass dein Verstand das alles gleich als Humbug abtut. Denk immer daran: Dein Ego hat jahrelang versucht, dich kleinzuhalten, um dich zu »schützen«, also mach ihm keine Vorwürfe – arbeite einfach weiter daran, deine Intuition immer weiter auszudehnen, während du diese Übungen durchläufst. Deine Intuition leitet dich immer, sogar wenn du dir ihrer Führung nicht bewusst bist.

Du kannst diese Übung auch mit Pflanzen, deinem Haustier oder einem dir nahestehenden Menschen machen, weil alles, was lebt, genau wie du von einer Aura oder einem Lichtkörper umgeben ist. (Ja, jeder von uns hat einen Strahlenkranz!) Wenn du also möchtest, kannst du dich im Sommer in den Park oder ins Grüne aufmachen, dich ins Gras legen und mit dem Himmel als weißer Wand mit Blumen, Gräsern und Bäumen üben – eine therapeutisch ausgesprochen sinnvolle Übung!

Stufe 3:
Weite deine Sicht

Nun wird es Zeit, das größere Ganze in den Blick zu nehmen und nicht nur die Aura um deine Hand, sondern um deinen ganzen Körper herum zu sehen. Im Grunde machst du dabei nichts anderes als vorher. Du wendest nur das, was du schon kannst, auf ein größeres »Objekt« an. Setze dich also nicht unter Druck. Um deine ganze Aura zu sehen, musst du nur deinen Blick stärken und dir und deiner Intuition vertrauen. Jede der beschriebenen Übungen trainiert sanft deine intuitiven Muskeln, die du jetzt vielleicht zum ersten Mal spürst. Wiederholtes Üben ist auch hier der Schlüssel zum Erfolg. Halte dich an die 3-Tage-Faustregel, wenn du dich in diese Übungen vertiefst.

Die folgende Übung ist ein bisschen so, als würden wir uns wieder eines der Stereogramme aus *Das magische Auge* anschauen. Was wir gewohnheitsmäßig sehen, ist, was wir tagtäglich durch den Filter unseres Geistes wahrnehmen. Ich will das mit einem Beispiel erklären: Ich habe blondes Haar, blaue Augen, Sommersprossen, und mein Körper könnte ein Pfündchen weniger hier und ein Quäntchen mehr Körperspannung dort vertragen. Das ist der Abdruck, den mein Spiegelbild in meinem Geist hinterlässt, und der ist nicht immer ganz ehrlich oder wahr. Nun ist es aber so, dass unsere geistigen Filter nicht immer nett zu uns sind und wir dazu neigen, uns auf ein bestimmtes geistiges Bild von uns selbst zu fixieren. Diesem Selbstbild schenken wir oft mehr Aufmerksamkeit als unserem tatsächlichen Spiegelbild. Mal ganz konkret gefragt: Wenn du vor einem Spiegel stehst, wie lange schaust du dir dann tatsächlich tief in die Augen, würdigst all deine wunderbaren Eigenschaften und schickst den Teilen Liebe, die du aus irgendeinem Grund an dir immer gehasst hast?

Man sagt, die Augen seien die Fenster der Seele, durch die wir einen Blick auf die wahre Natur eines Menschen werfen können. Doch können wir das auch durch unser Energiefeld, durch unsere Aura machen. Nehmen wir uns ein bisschen Zeit, um ein wenig tiefer zu blicken und zu sehen, was sich hinter der »Standardversion« unseres Selbstbildes verbirgt. Es wäre vielleicht ganz gut, wenn du dir die folgende Übungsanleitung erst ein paarmal durchliest, bevor du dich ans Üben machst. Vielleicht magst du die Anleitung auch laut lesen und dich dabei mit dem Handy aufnehmen, dann kannst du dich selbst durch die Übung führen. Das ist meine Lieblingsmethode.

- Nimm zunächst wieder eine bequeme Sitzposition ein. Du kannst auch entspannende Musik abspielen, vorzugsweise Instrumentalmusik. (Gesungenes könnte dich ablenken, wenn der Geist anfängt, sich mit dem Text zu beschäftigen statt mit der anstehenden Aufgabe.) Diesmal musst du allerdings vor einem Spiegel Platz nehmen – möglichst vor einem Ganzkörperspiegel, denn es wird Zeit, dass du dich in deiner ganzen Herrlichkeit siehst. Ideal wäre, wenn der Spiegel sich vor einer weißen Wand befände. Wenn das nicht geht, ist es aber auch kein Problem.

- Ich sitze gerne mit gekreuzten Beinen vor dem Spiegel, alternativ auf einem Stuhl mit den Fußsohlen flach auf dem Boden. Wichtiger als die Sitzhaltung ist, dass du eine bequeme Position findest, denn möglicherweise wirst du relativ lange vor dem Spiegel sitzen. Wenn du lieber stehst, so ist das auch okay!

- Reib nun wieder deine Hände aneinander, um deine Energiekugel zu entzünden. Schließ die Augen, atme tief durch und lege deine geöffneten Hände so in den Schoß, dass die Handflächen nach oben zeigen. Diese Handhaltung ist das spirituelle Signal, dass du offen bist für das, was von deiner Aura, vom Universum, vom Geist (oder unter welchem Namen auch immer du diese Kraft kennengelernt hast) zu dir kommt. Erlaube dir, ganz in diesem Moment, im Hier und Jetzt zu sein.

- Verharre einen Moment lang so, öffne dann die Augen und schau deinem Spiegelbild direkt in die Augen. (Keine Angst, du musst das nur kurz machen. Lass einfach deinen Atem alle Gefühle von Peinlichkeit oder Verlegenheit vertreiben.)

- Nun verschiebst du, ähnlich wie du es beim Ringfinger gemacht hast, deinen Blick ganz langsam zur linken Gesichtshälfte, bis das Spiegelbild deiner Nase ins Blickfeld rückt und deine Augen auf peripheres Sehen eingestellt sind. Halte diesen Abstand und atme dabei gleichmäßig langsam ein und aus, während du zulässt, dass dein ätherischer Körper links neben deinem Kopf sichtbar wird.

- Sobald du die Energie »sehen« kannst, einen Lichtschleier oder ein Flackern (vergiss nicht: wir haben es hier mit sehr feinen Energien zu tun und nicht mit grellen Leuchtreklamen), ist der Moment gekommen, deinen Radius auszuweiten.

- Atme ein, lehne dich langsam zurück und zähle »eins«. Bleib in dieser Position und erlaube dir, die Energie deiner Aura zu sehen. Lehn dich noch ein bisschen weiter zurück und zähle wieder »eins«. So verharren, atmen, schauen, fühlen – lass dich mit allen Sinnen in deine Aura sinken. Wenn du sie verlierst oder glaubst, sie verloren zu haben, dann atme tief durch und wiederhole diesen Schritt. Lass dir Zeit. Ich kann es nicht oft genug wiederholen: Der Erfolg kommt selten beim ersten Mal, also gib dir Raum und Zeit zum Üben. Mit ein wenig Geduld findest du heraus, wie du dich dem Geschehen überlassen kannst, und entdeckst deinen Weg, um die feinstofflichen Schwingungen deiner Aura wahrzunehmen.

- Funkt dein Verstand dazwischen und will dir weismachen, dass du das »nicht kannst«, dann verbiete ihm das einfach mit meinem Lieblingsmantra: »Ich bin, und ich kann.« Wiederhole es drei Mal laut oder im Geist. (Drei ist eine machtvolle spirituelle Zahl. Wie dir vielleicht schon aufgefallen ist, machen wir hier vieles drei Mal, denn die Drei steht für Schöpfung, Manifestation und Wachstum. Sie symbolisiert außerdem die ebenso kraftvolle wie komplexe Verbindung von Geist, Körper und Seele.) Mit dieser Methode kannst du dir deine Intuition bzw. deine Psyche erschließen. Mich hat sie schon durch so manches schwere mentale Fahrwasser gebracht!

- Mach dich jetzt ans Erkunden und weite deine Wahrnehmung. Du weißt, was du tust – bewege oder lehne dich so weit zurück, wie es sich für dich gut anfühlt. Öffne deinen Geist immer weiter und lass dich dabei von deinem Atem unterstützen. Ändere deinen Blickwinkel, so wie du es bei deiner Hand gemacht hast. *Spiele* mit der Erfahrung und genieße sie!

Möglicherweise siehst du nun schon Farben, vielleicht aber auch nicht. Das spielt keine Rolle. Diese Form des »Sehens«, die wir hier üben, kommt hauptsächlich durch unser drittes Auge zustande. Es handelt sich um eine einzigartige Form der Wahrnehmung, und du kannst lernen, sie sanft in dein Alltagsleben zu integrieren. Manche Menschen *hören* ihre Farben auch, denn Geist und Intuition bringen in uns die unterschiedlichsten Saiten zum Klingen. Bleib also offen dafür, dass diese Erfahrung in allen möglichen Formen zu dir kommen kann, statt dich darauf zu fixieren, dass sie so und nicht anders zu sein hat.

Vielleicht stellst du auch fest, dass es dir wichtig ist, nach dem Üben Notizen zu machen und deine Erfahrungen festzuhalten. Erstens, um zu protokollieren, wie weit du gekommen bist; zweitens, um dich daran zu erinnern, wie toll du deine Sache machst; und drittens als Hilfsmittel, um die nächsten Schritte noch kraftvoller zu machen. Deswegen gibt es hinten im Buch ein paar leere Seiten für deine Notizen.

Weite deinen Blick:
Geh nach innen, um nach außen
zu schauen

Wir haben viel über das dritte Auge und über die Intuition gesprochen. Jetzt ist es an der Zeit, dass du dir diese Verbindung eroberst und sie frei wirken lässt. Es ist Zeit, deinen Farbcode zu entdecken!

Mit der nächsten Übung gehen wir noch tiefer. Wir beschäftigen uns mit dem dritten Auge, damit du lernst, von innen her zu »sehen«, aus dem Blickwinkel deiner Intuition. Für den Augenblick möchte ich dich bitten, diese Übung drei Tage lang auszuführen. Während dieser Zeit wächst dein Vertrauen in dich selbst und das Universum. Gleichzeitig legst du jahrelange irrige Überzeugungen ab. Bald bist du so weit, dass du dich frei durch all diese Übungen bewegen kannst, in deiner Freizeit und jederzeit.

Ich rate dir, dass du dir diese Übung Schritt für Schritt aneignest. Lass dein geistiges Auge ebenso offen wie deine physischen Augen. Lass die Worte auf dich wirken. Sie tragen dich an den Punkt, den du von innen her »sehen« musst. Oder du liest die Übung laut und nimmst dich dabei auf, sodass du dich tiefer hineinsinken lassen kannst, wenn du sie später machst. Aber bitte nicht, bevor du sie nicht mindestens drei Mal gelesen und ausprobiert hast! Wenn du magst, kannst du auch einen dir nahestehenden

Menschen bitten, dir die einzelnen Schritte vorzulesen, während du übst – so als würde diese Person dir eine Geschichte erzählen. Wenn wir uns auf diese Weise mit anderen verbinden, geschieht energetisch und in der Aura Bemerkenswertes. Vergiss nicht: Deine Aura liebt es, energetisch von einem anderen Menschen umarmt zu werden, wenn du ganz auf deine Weise schwingst. Bald wirst du die Worte nicht mehr brauchen, um die Übung durchzuführen.

- Setz dich auf einen Stuhl oder auf den Boden. Du kannst dich auch hinlegen – auf den Boden oder aufs Bett, wo immer du dich am wohlsten fühlst. Nun geht es ans bewusste Atmen: Atme tief durch die Nase ein und lass den Atem dann ganz langsam durch die Nase wieder ausströmen. Mit jedem Atemzug überlässt dein Körper sich dem, was ihn stützt, sei es nun ein Stuhl, eine Liege oder der Erdboden.
- Lass deine Augen schwer werden. Deine Aufmerksamkeit zieht mit dem Atem nach innen, ins Herz. Nimm fünf Atemzüge durch die Nase. Zähle beim Einatmen und Ausatmen jeweils bis sieben.
- Wenn du bereit bist, lasse deinen Atem und deine Aufmerksamkeit nach oben fließen, zum inneren Auge deines Geistes. Zum dritten Auge – der Stelle zwischen den Augenbrauen bzw. in der Mitte der Stirn. Mit jedem Atemzug lässt du dich mehr in alle Gefühle und Empfindungen sinken, die dort zu spüren sind.
- Nun wiederholst du drei Mal (entweder laut oder still für dich): »Ich bin meine Intuition. Ich überlasse mich all den pulsierenden, lebendigen Farben meines Selbst.«
- Visualisiere, spüre oder fühle, wie eine Kugel aus silberweißem Licht, nicht größer als ein Tennisball, sich auf

dein geistiges Auge senkt – auf deine Stirn. (Manchmal springt dieser Ball auf einem anderen Chakra auf und ab, zum Beispiel auf dem Herzen oder einem anderen Energiezentrum. Wenn dem so ist, lass es zu. Vergiss nicht, dass du hier nichts falsch machen kannst. Du liegst immer richtig.) Mit jedem Atemzug hüpft der Energieball aus Licht aus immer größerer Höhe herab, bis er irgendwann wie eine Eierschale aufbricht. Dein Atem transportiert die frei werdende Energie durch deinen gesamten Körper. Sie wirkt tief beruhigend. Nun lässt dein Atem die Energie sich ausbreiten und öffnet die Kugel zu einer Kuppel aus Aura, die deinen ganzen Körper umschließt. (Das kann sich anfühlen oder aussehen wie ein Zelt oder eine andere schützende Struktur, mit der du dich wohlfühlst. Wie wir gesehen haben, gibt es hier keine falsche Wahrnehmung. Was kommt, kommt!) Das ist sozusagen dein Aussichtsplatz, und deine Energie tanzt ganz sicher und selbstverständlich durch die Kuppel oder das Zelt. Die Ränder umgeben dich wie ein riesiger Heiligenschein, während der Raum um dich herum in friedvoller Dunkelheit liegt.

- Als Nächstes können zwei Dinge geschehen. Entweder du bleibst in deinem Körper, der es sich innerhalb der Kuppel bequem gemacht hat. Oder dein drittes Auge hebt dich hoch, und du schaust auf dich und deinen physischen Körper herab.
- Und nun schaust du zu ... du überlässt dich dem Spiel der Farben ... die in die Kuppel hereinziehen, sie umtanzen ... ohne bestimmte Ordnung ... in unterschiedlicher Geschwindigkeit. Lass sie fließen. Nimm dir Zeit. Vielleicht siehst du viele Farben oder nur eine oder zwei ... alles ist gut, so wie es ist.

- Nun stellst du Fragen an deine Aura. Konzentriere dich auf deine Absicht, indem du drei Mal wiederholst: »Ich erlaube mir, die Farbe oder die Farben meiner ersten Schicht zu sehen.«

- Atme ein und aus. Lass alles kommen. Werde zum Zeugen deiner selbst. »Schau« nicht bloß in dein geistiges Auge, sondern lass los und spür nach, was du empfindest oder hörst. Möglicherweise blitzt die Farbe nur kurz auf. Oder du siehst eine Frucht von dieser Farbe. Möglicherweise hörst du auch ihren Namen. Es kann auch ein Stück Stoff sein, das du siehst, oder irgendein Gegenstand aus deinem Haushalt in der entsprechenden Farbe. (Vergiss nicht, dass du, deine Intuition und deine Energie voller Intelligenz stecken!)

- Wenn du die Farbe spürst, sieh sie dir genau an, würdige sie. Sprich den Namen der Farbe leise oder laut aus.

- Nun gehen wir weiter zur zweiten Schicht deiner Aura. Die Intention bleibt die gleiche, du musst den Satz nur angleichen: »Ich erlaube mir, die Farbe oder die Farben meiner zweiten Schicht zu sehen.« Wie zuvor wiederholst du diesen Satz drei Mal, atmest tief ein und aus und wiederholst den gesamten Prozess. Lass zu, was auch immer kommen mag, und akzeptiere es.

- Diese Schritte wiederholst du für jede deiner sieben Schichten. Bitte darum, jede einzelne sehen zu dürfen, und nimm sie genau so wahr, wie sie dir gezeigt wird. Halte sie dann im Geist so fest.

- Wenn du bei Schicht 7 angekommen bist, wiederholst du die Übung noch einmal. Wieder sprichst du drei Mal deine Absicht aus: »Ich erlaube mir den Zugang zu der Farbe oder den Farben meiner siebten Schicht.« Atme tief durch, lass alles zu, erlebe es bewusst und benenne dann laut oder leise, was du empfunden hast. In dieser Schicht aber bleibst du so lange, wie du Lust hast. Schließlich ist dies dein siebter Himmel! Achte auf deine Visionen und deine Gefühle, denn sie sind himmlische Boten für dich.

- Wenn du bereit bist, wieder ins Hier und Jetzt – die Gegenwart – zurückzukehren, dann atme tief durch die Nase ein, aber dieses Mal stößt du die Atemluft durch den offenen Mund aus. (Streck dazu noch die Zunge raus!) Lass die Energie mit einem Seufzen entweichen.
- Jetzt zählst du von sieben an rückwärts. Bei jeder Zahl zählst du wieder bis sieben – sowohl beim Einatmen als auch beim Ausatmen. Bei jeder Zahl, jedem Atemzug gehst du durch die einzelnen Schichten der Aura zurück: Schicht 7 (Einatmen, Ausatmen), 6 (Einatmen, Ausatmen), 5 (Einatmen, Ausatmen), 4 (Einatmen, Ausatmen), 3 (Einatmen, Ausatmen), 2 (Einatmen, Ausatmen) und 1 (Einatmen, Ausatmen).
- Wenn du in der ersten Schicht angekommen bist, spür hinein in deine Finger, deine Zehen, deinen Körper. Fühle deine Lage im Raum, deine Umgebung. Nimm einen langen, reinigenden Atemzug, den du die Wirbelsäule entlang lenkst – und du bist wieder da. Sprich drei Mal folgende Affirmation: »Ich bin vollkommen energetisiert, vollkommen sicher, vollkommen geschützt.«

Solltest du dich nun schwer oder im Gegenteil zu leicht fühlen, dann erde dich: Iss etwas oder geh spazieren. Danach setzt du dich hin und schreibst auf, was du erlebt hast, was du in den einzelnen Schichten gespürt oder gesehen hast.

Mit der Zeit wird dein Selbstvertrauen wachsen. Dann kannst du dich entspannen, ohne dich eigens in einen meditativen Zustand versetzen zu müssen. Dann kannst du anfangen zu üben, wie du dich mit weit geöffneten Augen durch alle Schichten bewegst. Arbeite zwar weiterhin mit einem Spiegel, aber die schriftliche Anleitung wirst du nicht mehr brauchen.

Die Aura eines anderen Menschen sehen

Nun kannst du deine Fähigkeiten weiter ausbauen und die Energie anderer Menschen erforschen. Ja, wir können diese Übungen auch nutzen, um das Energiefeld anderer zu erspüren. Du kannst das mit jeder einzelnen Übung machen, am besten aber fängst du an mit »Stufe 3 – Weite deine Sicht«. Statt mit deinem Spiegelbild zu arbeiten, bittest du vielleicht einen lieben Menschen, dir gegenüber Platz zu nehmen. Am besten vor einer weißen Wand.

Mit der Zeit wirst du diese Übung überall in der realen Welt da draußen durchführen können, zum Beispiel in einer Kneipe. Aber achte darauf, wie hoch die Energie ist, der du dich aussetzt, wenn du dich dafür öffnest. Übe so lange in deinem geschützten Raum, bis du wirklich sicher bist, dass du mit deiner eigenen Aura und ihrer Energie arbeiten kannst. Wir können aufnahmebereit wie Schwämme werden. Daher müssen wir uns sicher sein, kontrollieren zu können, was energetisch auf uns zukommt.

Die Übung »Geh nach innen, um nach außen zu schauen« musst du erst bei der Absicht – das ist der vierte Schritt – abändern. Öffne die energetische Kuppel, nimm dieses Mal anstelle von dir nun aber die andere Person in den Blick.

Visualisiere, dass sie neben dir sitzt oder liegt, und wiederhole drei Mal:»[Name der Person] ist meine Absicht. Ich überlasse mich all den Farben ihrer (bzw. seiner) Liebe, ihrer (bzw. seiner) Wahrheit, ihrer (bzw. seiner) Schwingung, ihrer (bzw. seiner) Schichten.« Du kannst auch mit einem Foto dieser Person arbeiten – das verstärkt die Verbindung. Vergiss nicht: Wenn wir andere Menschen »lesen«, dann sollten wir dies nicht tun, um uns einen Vorteil zu verschaffen, sondern nur, um unser Gegenüber besser zu verstehen. Nicht um Kontrolle zu erlangen, sondern um diesen Menschen zu lieben und eine tiefe Verbundenheit herzustellen. Erkläre deinem Gegenüber, warum du das tust, was es ihm bringt, und erläutere dann genau, was du empfangen kannst.

Wenn du die Aura einer anderen Person betrachtest, solltest du dir aller Signale bewusst sein, die deine Intuition dir vermittelt. Pass auf, was sich »gut« anfühlt und was irgendwie »nicht stimmt«. Vielleicht durchläuft ein warmes Prickeln deinen Körper, oder deine Intuition zaubert ein Lächeln auf dein Gesicht, wenn die Energie sich gut anfühlt. Spürst du, dass dein Gesicht sich verzieht, dann ist das ein Zeichen, dass die Energie dieser Person in diesem Augenblick nicht mit deiner Energie harmoniert. Das heißt nicht, dass du es mit einem schlechten Menschen zu tun hast, sondern deine Energie signalisiert dir, dass du dich zurückziehen solltest. Du kannst diesem Signal nachgehen und deine Absicht durch diese Frage ergänzen:»Warum tut diese Energie meiner nicht gut?« Wiederhole auch dies drei Mal, damit deine Energie dir zeigen kann, was nicht stimmt – entweder durch dein geistiges Auge oder durch deinen Körper und seine Sinneswahrnehmung. Mitunter auch auf beiden Wegen. Oder du fragst:»Sollte ich mich von dieser Energie vollkommen fernhalten?« Wiederhole diese Frage drei Mal und lass dir von deiner Energie die Antwort geben.

Mit diesen Übungen kannst du auch deine Aura heilen und deine Kontakte zu anderen verbessern oder Reibungen herausnehmen. Genau darum geht es im nächsten Kapitel.

»Es ist an der Zeit, dass du erkennst, wie unglaublich schön du in Wahrheit bist.«

WIE DU DEINE AURA PFLEGST

»Auch wenn sich
deine Energie
im Moment strahlend
hell anfühlt, kannst
du dein Feuer
doch immer weiter
anfachen.«

So wie wir uns regelmäßig die Haare waschen, unsere Haut mit Feuchtigkeitscreme versorgen und uns gesund ernähren, um unseren Körper zu schützen, können und sollten wir unsere Aura pflegen – unseren Energiekörper. Selbst wenn deine Energie im Augenblick hell strahlt, kannst du dein Feuer doch immer weiter anfachen!

Und das ist noch nicht alles. Wenn wir unsere Energien hell und klar erhalten, sehen wir nicht nur besser aus und fühlen uns besser. Wir können auch die Frequenz unserer Anziehungskraft steigern und auf diese Weise zu uns holen, was wir gerne hätten. Wir ziehen an, was und wen wir brauchen, um unsere Wünsche zu erfüllen – natürlich nur, wenn diese auf unser Bestes ausgerichtet sind! Wir ziehen den richtigen Job oder den richtigen Partner magnetisch an, und zwar durch unsere Frequenz, unser Empfinden – und nicht, weil diese Person besonders gut aussieht oder unser Ego glaubt, dass sie uns nützlich sein könnte. Und wir können auf diese Weise auch alles und alle loslassen, die unserer Schwingung, dem Energiefluss unserer Aura nicht mehr dienlich sind.

Ich möchte deshalb alle Schritte einer gründlichen Reinigung aller Farbschichten durchgehen und dir einige gute Tipps geben, wie du auf die Schnelle deine Frequenz erhöhen kannst. Wir leben in einer Welt, in der man von uns ständige Aufmerksamkeit fordert, doch wir haben die Kraft, uns Zeit für uns selbst zu nehmen und aus dieser Welt in Habachtstellung herauszutreten. Ob wir nun 30 Minuten lang meditieren, 30 Sekunden lang unserer Aura zulächeln oder sie mit duftendem Salbei räuchern.

Was das letzte Kapitel angeht, so kannst du dir zuerst die gesamte Anleitung Schritt für Schritt einprägen und sie dir dann mit offenen Augen von deinem geistigen Auge erschließen lassen. Oder du liest die Übung erst einmal laut durch und nimmst dich dabei auf. Besser noch: Du lässt dir die einzelnen Schritte von einer Freundin oder einem anderen lieben Menschen vorlesen.

Reinige und schütze deine Aura: Programmiere sie so, dass sie dir bringt, was du dir wünschst und was du brauchst

Jetzt, wo du deine Schichten in all ihrem Glanz »gesehen« hast, wird es Zeit, sie zu reinigen und aufzuladen, sodass du mit deinen neu erworbenen Fähigkeiten tiefer in deine Aura blicken kannst. Ich empfehle dir, diese Übung mindestens einmal pro Woche zu machen, damit du dein Energieniveau halten kannst, während du immer mehr Routine beim Üben bekommst. Wenn du die Übungen dann verinnerlicht hast, solltest du das Reinigungsritual mindestens einmal im Monat durchführen. Meint es das Leben allerdings nicht gut mit dir und wirft dich aus der Bahn, dann mach sie so oft, wie du es brauchst.

So, wie du den Blick nach innen wenden kannst, um wie im letzten Kapitel die Aura Schicht für Schicht durchzugehen, kannst du dich nach innen wenden, um ihre Farben heller strahlen zu lassen. Du kannst loslassen, was immer den Energiefluss dort stört, und die Schwingungen auf die Frequenz bringen, die nötig ist, um deine Wünsche zu verwirklichen – den richtigen Job, den richtigen Partner, die besten

Freunde zu finden. Oder um dich dabei zu unterstützen, in Liebe, Leben und Arbeit die richtigen Entscheidungen zu treffen. Du kannst dich auch auf eine bestimmte Schicht konzentrieren, um deine Gesundheit zu stärken, deine Gefühle zu heilen und zu intensivieren, dich mit Gleichgesinnten zu verbinden oder mithilfe des Universums anzuziehen, was du brauchst.

Selbst wenn du im Moment nicht weißt, was du »willst« (was völlig in Ordnung ist!), kannst du deine Frequenz auf Liebe einstellen. Dann ziehst du alles an, was dein Herz berührt, was Liebe und Güte ausstrahlt. Es ist ein wahres Wunder, was das Leben dir alles bietet, wenn du Signale auf der richtigen Wellenlänge aussendest.

Wenn möglich, solltest du vor dieser Übung ein Bad oder eine Dusche nehmen – wasch dir den Kopf, deine Haare und damit auch das Kronenchakra. Wasser ist ein wunderbares Mittel, um all die Ablagerungen wegzuschwemmen, die sich durch negative Gedanken (deine und die anderer Leute) gebildet haben, oder fremde Energien abzuwaschen (von deinem Chef oder von den Leuten im Bus neben dir) – alles eben, was dir nicht weiterhilft und deine Schwingungsenergie senkt.

Gehe die schriftliche Anleitung mindestens drei Mal durch, bevor du den Text aufnimmst oder dich von jemandem durch die Übung führen lässt.

- Mach es dir bequem! Wenn du sitzt, lehn den Rücken an. Wenn du liegst, leg dich ganz flach ins Bett oder auf den Boden und achte darauf, Nacken, Knie und Füße mithilfe von Kissen zu stützen. Entspannung ist jetzt das Wichtigste!

- Leg eine Hand auf dein Herz, die andere auf deinen Bauch. Atme langsam durch die Nase ein und aus und lass die Atemzüge immer länger werden. Nun atmest du durch das Herz ein und lenkst den Atem in den Bauch und spürst, wie die Hand auf dem Herzen sich ebenso hebt wie die auf dem Bauch – durchströmt von der frischen Atemluft. Mit diesem tiefen Atemzyklus intensivierst du den Energiefluss.

- Schließe sanft die Augen (sofern du die Übung nicht liest). Die Dunkelheit hinter den geschlossenen Lidern fühlt sich heimelig an. Mit jedem Atemzug sinkst du tiefer und tiefer in dein Herz. Am Ende atmest du drei Mal reinigend durch die Nase ein und durch den Mund aus: Damit öffnest du ein Energiefenster in dein Herz und lässt die frische klare Energie in deinen Körper und dein Dasein.

- Konzentriere dich nun auf das innere Auge deines Geistes. Spüre oder visualisiere, wie du dich in deiner einzigartigen Kuppel aus Aura oder Energie befindest, und ruf dir dieses Bild klar vor Augen.

- Nun lenkst du deine Aufmerksamkeit, dein Bewusstsein ganz deutlich auf den höchsten Punkt der Kuppel – die äußere Schicht. Gewöhnlich strahlt hier ein rein weiß schimmerndes Licht. Nimm wahr, was sich dir zeigt, was immer für dich hier und heute richtig sein mag.

- Scanne diese Schicht mit deinem Atem. Spür nach, ob du hier oder irgendwo innerhalb der Kuppel dunkle, dichte Flecken findest. Beobachte, wie sie mit jedem Atemzug verblassen und verschwinden, bis die Farbe rein ist.

- Visualisiere und spüre sechseckige Formen, die sich dir zeigen. Schau zu, wie sich diese Formen bilden und miteinander verbinden, bis die äußere Schicht deiner Aura aussieht wie eine Bienenwabe. Lass dieses Bild auf dich wirken, als wäre es alles, was da ist. Deine Absicht ist es, deine Energie zu beobachten und zu erkunden. Während du das tust, lädst du sie auf. Allein deine Absicht macht sie stärker. Und diese Kraft erzeugt nun eine starke, schützende Form – einen Energiefilter, der äußere Energien von Menschen und Orten von dir fernhält, sodass sie nicht in deine Aura eindringen können.

- Fühle mit jedem Atemzug, wie Stärke und Qualität deiner Energiekuppel zunehmen, während die Wabenformen aus Licht immer zahlreicher werden. Diese wunderbare Matrix umgibt dich nun.

- Mach dir bewusst, dass diese Supermatrix dich beschützt. Sie hüllt dich in liebevolle Energie und hält alles von dir fern, was dir nicht guttut. Die einzigartige Struktur dieses sechseckigen Netzes schafft Raum für eine energetische Photosynthese. Universelles Licht und gesundes menschliches Licht werden in deine Aura gezogen, wo sie dafür sorgen, dass Energien, die dir und deiner Kraft nicht nützen, auf liebevolle und sanfte Weise entfernt werden. Sprich drei Mal folgende Affirmation: »Ich und meine Energien sind schützend versiegelt.« Mach dir bewusst, dass dies wahr ist. Du kannst im Schutz dieser Matrix ruhig atmen und deine Energie frei fließen lassen.

- Nun gehst du zu deiner Stimme über. Wiederhole drei Mal (laut oder leise): »Zeig mir die Schichten meines Lichts, meiner Aura, die einen gesunden, heilenden Glanz brauchen.« Nimm dir dafür genügend Zeit, denn auch hier ist Geduld alles. Lass dir das Licht und die Energie zeigen, in welcher Gestalt auch immer sie für dich richtig sein mögen. Du kannst die Farbe oder die Schicht sehen, fühlen oder hören. Vielleicht aber nimmst du auch ein Zeichen wahr, das mit der entsprechenden Farbe zu tun hat.

Lass es auf dich zukommen. Wenn nötig, wiederholst du die Einladung so lange, bis deine Energie sichtbar wird.

- Nun lenkst du deinen Atem ganz sanft in die Farbe bzw. die Schicht, die sich dir zeigt. Mit jedem Atemzug werden das Licht und die Schicht klarer – so wie beim Scheitelpunkt der Kuppel vorher. Dein Atem funktioniert wie ein Energiestaubsauger. Lass ihn beim Einatmen all die Ablagerungen und Schleier aufsaugen. Beim Ausatmen schickst du alle Verdunkelungen hinauf in die Wabenstruktur der äußeren Schicht. Wiederhole diesen Vorgang drei Mal oder so lange, bis eine kühle Brise über deinen Körper streicht. Sieh zu, wie die Ablagerungen sich in nichts auflösen, wie sie verpuffen, sobald sie mit dem Wabennetz in Kontakt kommen.

- Wenn du das Gefühl hast, die Wolke nicht auf einmal loszuwerden, dann keine Sorge: Komm morgen wieder und mach weiter. Wenig, aber dafür oft – das ist eine tolle Faustregel. Manche Veränderungen brauchen eben Zeit.

- Wenn du bereit bist weiterzugehen, wiederholst du nochmals drei Mal: »Zeig mir die Schichten meines Lichts, meiner Aura, die einen gesunden, heilenden Glanz brauchen.« Dann wiederholst du die letzten Schritte und lässt dir die nächste Schicht oder Farbe zeigen, die gereinigt werden muss. Wieder lässt du mit jedem Atemzug alle Verdunkelungen, alle stumpfen oder vernebelten Stellen vom Licht beseitigen.

- Wiederhole diese Schritte so oft, bis sich keine weitere Schicht oder Farbe mehr zeigt, die eine neue Ladung braucht.

- Mach dir klar, dass du entweder nur eine Schicht oder Farbe siehst oder mehrere. Beides ist vollkommen in Ordnung. Akzeptiere, was jetzt zu tun ist.

- Vielleicht möchtest du nun mit deiner Aura, deinen Energien, etwas anziehen oder umgekehrt loslassen oder aber nachforschen, in welchen Bereich deines Lebens du mehr Licht lassen kannst, damit deine Herzenswünsche sich verwirklichen. Zu diesem Zweck kannst du deine Absichten umformulieren. Zum Beispiel so: »Zeig mir die Schichten meines Lichts, meiner Aura, die mehr Energie brauchen ...
  - ... um mir die Liebe meines Lebens zu bringen.«
  - ... um mir einen neuen Weg zu beruflichem Erfolg aufzuzeigen.«

Oder:
  - »Zeig mir, wer oder was die richtige Energie in mein Leben bringt, damit ich heller strahle.«

- Konzentriere dich auf deinen Wunsch und bitte deine Energien, ihn dir zu zeigen. Wenn du das Gefühl hast, nicht weiterzukommen und nicht klar zu sehen, was oder wer dein Strahlen dämpft, kannst du deine Absicht so formulieren:
  - »Zeig mir jene Schichten meines Lichts, die von Energieräubern befreit werden müssen.«

Oder:
  - »Zeig mir, wen oder was ich aus meinen Energien verabschieden muss, um heller zu strahlen, und wie ich das schaffe.«

- Was auch immer du wissen willst: Frag einfach, beobachte und akzeptiere, was kommt. Dann atme in die Ablagerungen hinein, in den Staub, in die Person oder Situation. Mach von unten nach oben sauber. Schiebe alle Verdunkelungen nach oben, zum höchsten Punkt der Energiekuppel und durch das Wabennetz nach außen. Wo du das Gefühl hast oder siehst, dass du mehr

Licht brauchst, ziehst du mit deinem Atem das universelle Licht durch den Scheitelpunkt der Kuppel in deine Aura und erleuchtest sie. Es ist dir klar, dass es universelles Licht ist, Licht, »das gut für dich ist«, denn durch deine Wabenstruktur und in die Kuppel kann nur Gutes kommen – vergiss nicht: Das war deine Absicht.

- Wenn es keine Schichten mehr zu reinigen gibt, keine Pfade zu erforschen sind, dann sag im Geist oder laut: »Bitte zeig mir den Regenbogen der Möglichkeiten, die ich bin, in all meinen Strahlen, in all meinem Glanz.«

- Das kann einige Zeit dauern. Erlaube den Farben deiner Aura, in deiner Kuppel und um sie herum zu tanzen. Spür deinen Empfindungen nach, den Funken des Glücks, die wie ein Feuerwerk in deinem Körper sprühen, während deine Energien ineinanderfließen und du deine reinste Essenz – dein wahres Selbst – in einem einzigen Pulsieren fühlst: als deine Aura.

- Bleib in dieser Sphäre, so lange du möchtest … nimm dir Zeit. Wenn du so weit bist, lenk deine Aufmerksamkeit, dein Bewusstsein zurück zum Atem, in deinen Körper. Und bekräftige drei Mal: »Ich bin vollkommen sicher, vollkommen geschützt.«

Achte darauf, nach dieser Übung so viel Wasser zu trinken wie irgend möglich. Setz dich mindestens drei Minuten lang so hin, dass deine Fußsohlen guten Kontakt zum Boden haben. Du denkst vielleicht, dass du nicht allzu viel getan hast in den letzten Minuten, aber du hast enorme, wenn auch sehr dezente Veränderungen vorgenommen – eine Art energetischen Work-out, wenn du so willst. Also schone dich jetzt, iss etwas und erde dich!

Dann schreibst du auf, was du erlebt hast. Lass deine Faszination von dir selbst nicht hier enden. Achte darauf, immer wieder Bilanz zu ziehen, und du wirst beobachten, dass du diese Farben und Schichten, diese Botschaften zunehmend im alltäglichen Leben wahrnimmst, während deine Energie dir verrät, dass das Leben, das Universum für dich arbeiten und dir schicken, was deinen energetischen Leistungen entspricht.

Wenn du diese Übung erst ein paarmal gemacht hast, wirst du mühelos in die Kuppel eintauchen können, einfach nur mit dem Atem, mit deinen Gedanken, indem du die Augen schließt und dein inneres Auge öffnest, selbst wenn du unterwegs bist. Für den Moment aber kannst du dich zurücklehnen und es genießen, wann und wo immer möglich.

»Du bist deine
stärkste Schwingung –
du verdienst es,
so hell zu strahlen,
wie du wirklich
bist!«

MIT
DEINER
AURA LEBEN

»Sprich mir nach:
Ich bin ein
strahlender,
pulsierender
Regenbogen
voller Glanz und
Möglichkeiten.«

Manchmal haben wir nicht die Zeit, um unsere Aura, unsere Schwingung, vollständig zu überprüfen (oder glauben das zumindest). Für die Tage, an denen uns dies unmöglich erscheint, habe ich ein paar Tipps, wie du dein Licht zum Leuchten bringst, wo immer du gerade bist!

Nutze das Licht, um deine Energie zu finden oder zu stärken

Wenn es wenig Licht am Himmel gibt, es draußen dunkel ist und du so gar nicht aus dem Bett findest, dann empfehle ich dir Tageslichtlampen oder SAD-Lichttherapie-Lampen, denn sie bringen das Licht in deinen Körper. Natürlich reagiert deine Aura besser auf natürliches Licht, doch wenn du das Gefühl hast, in der Hektik des Lebens unterzugehen oder keine Energie mehr zu haben, dann geh nach draußen oder setz dich zumindest ans Fenster.

Wie du dich erden und Sorgen zerstreuen kannst, damit du zur Ruhe kommst

Für alle spirituellen Methoden im Zeitalter des Jetzt gilt: Erden ist unglaublich wichtig. Wenn wir uns auf diese Art der Arbeit einlassen, dürfen wir nicht vergessen, die positiven Auswirkungen und Energien zurück in den Körper zu bringen. Klare Anzeichen dafür, nicht geerdet zu sein, sind wackelige Beine, Ungeschicklichkeit, Vergesslichkeit oder überhaupt das Gefühl, nicht ganz da zu sein. Unsere Energie ist stark, aber sie muss sich in der Gegenwart verankern!

Du kannst dich erden, indem du raus in die Natur gehst, aber auch, indem du einfach dafür sorgst, dass deine Fußsohlen guten Kontakt zum Boden haben. Stell dich aufrecht hin, lass die Arme neben dem Körper herabhängen. Die Füße stehen hüftbreit nebeneinander. Spüre den Boden durch deine Fußsohlen. Atme durch die Nase ein. Dann atmest du aus und visualisierst, wie der Atem durch die Fußsohlen in die Erde fließt und dabei alle Spannungen, alle Sorgen und Ängste mitnimmt. Er übergibt sie dem Mittelpunkt der Erde. Bleib einige Minuten so stehen. Dann spürst du nach, wie die Energie deines Atems die liebende Kraft aus dem Mittelpunkt der Erde wieder zurück in deinen Körper zieht, bis hinauf ins Herz. Beteure drei Mal: »Ich bin vollkommen geerdet, vollkommen in Harmonie, vollkommen sicher, vollkommen geschützt.«

Wasser-Visualisierung zur Reinigung von Ärger und Wut

Diese Methode ist wunderbar für Tage, an denen du dich über etwas scheinbar Banales geärgert hast – vielleicht weil jemand wissentlich oder unwissentlich eine Erinnerung oder ein Gefühl aus der Vergangenheit angesprochen hat. Du kannst diesen Trigger später genauer untersuchen, aber für den Moment musst du einfach runterkommen und die niedrigen oder schlechten Schwingungen loswerden.

Nimm eine Dusche (kein Bad) und halte den Kopf unter das Wasser. Während du so unter dem Wasserstrahl stehst, visualisierst du, wie er alle Ablagerungen, allen Staub, alle fremden Energien oder Spannungen aus jeder der sieben

Schichten deiner Aura wäscht und wie all das zusammen mit dem Seifenwasser im Abfluss verschwindet.

Luft-Visualisierung, um Verletzungen und Ärger zu heilen

Diese Technik kannst du überall und jederzeit einsetzen! Ich nutze sie, wenn ich mit etwas konfrontiert bin, das weder hilfreich noch angenehm ist. So kann ich energetisch die Ruhe bewahren und intuitiv reagieren, statt mich von Ego und Ärger bzw. Verletztheit und Wut leiten zu lassen. Wenn du sie beherrschst, kannst du sie sogar anwenden, während du mit jemandem sprichst bzw. dieser Jemand mit dir. (Wir alle kennen solche Gespräche, nicht wahr?)

Achte darauf, dass deine Fußsohlen fest auf dem Boden stehen. (Schlag bitte die Beine nicht übereinander.) So wirst du von der Erde getragen und gehalten wie in der Erdungsübung.

Atme durch die Nase ein und aus. Lass den Atem und damit deine Aufmerksamkeit zum Herzen strömen – das weckt die Energie der Güte und Sanftheit. Wiederhole dies drei Mal, damit sich dein Körper beruhigt.

Dann lenkst du deinen Atem und deine Aufmerksamkeit hinauf zum Herzen, durch den Hals und das dritte Auge zum Kronenchakra, wo du sie ausströmen lässt. Wiederhole dies mehrmals. Atme durch das Herz ein, lass den Atem zum Hals und über das dritte Auge zum Kronenchakra fließen, wo du ihn in das Universum entlässt.

Stell dir vor, wie der Atem durch das Kronenchakra austritt, durch alle Schichten deiner Aura zieht wie Rauch in einem Kamin, entweicht und allen Ruß mitnimmt, den wenig

nette Freunde dir beschert haben. Lass ihn nach oben steigen und wegfliegen, bevor sich das Ganze in deinem Sein
verankern kann: Denk daran, dass es nur dann ein Teil von
dir werden kann, wenn du es zulässt und akzeptierst. Wiederhole das Ganze drei- bis fünfmal, bevor du deine Aufmerksamkeit wieder auf den Atem lenkst, wie er durch die
Nase ein- und ausströmt. Lass alles wieder in einen neutralen Normalzustand übergehen. *Lächle.* Nun kannst du einfach weitermachen!

Affirmationen, die dein Selbstvertrauen und deinen Glauben an dich selbst stärken

Was wir über uns sagen und wie wir über uns reden, wirkt
sich direkt auf die Frequenz unserer Schwingung, unserer Energie und unserer Aura aus. Worte beispielsweise
über unsere äußere Erscheinung schlagen sich auch in
den Schichten unserer Aura nieder, vor allem im Astral-
und Mentalkörper. Um hier Energien loszulassen und die
Schwingung zu erhöhen, müssen wir verändern, wie wir mit
uns und über uns reden.

»Ich bin« – das ist die machtvollste Kombination von
Worten im Universum. Zusammen bilden diese beiden Wörter eine Art Zauberstab, denn was ihnen folgt, ist eben das,
was du in deiner Energie, deinem Geist und deinem Leben
wirst und schaffst. Gebrauche sie also weise und unterstreiche damit, wer du zu sein wünschst, und nicht, wer du
zu sein »denkst«.

Spiel mit ihnen und bilde damit deine ureigensten Sätze.
Hier ein paar Beispiele für den Anfang:

- Ich bin schön, gütig und liebevoll. Und das strahle ich auch aus.
- Ich bin klüger, als ich denke, tapferer, als ich glaube.
- Ich bin ein strahlender, pulsierender Regenbogen voller Glanz und Möglichkeiten.
- Ich bin mehr als genug.
- Ich bin einzigartig ich selbst.
- Ich bin voller Licht.
- Ich bin ein Spiegelbild für die Energie der Arbeit, die ich inspirierend finde.
- Ich bin anziehend nur für die Menschen, die gute Energie mitbringen und schenken.
- Ich bin frei von allen Einflüssen, die mir nicht mehr dienen.
- Ich bin …

Was bist du heute? Das entscheidest allein du, und deshalb wirst du es auch werden!

Um was es auch immer geht: Sobald du anfängst, grausam von dir zu denken oder zu reden – hör auf damit! Atme tief durch und übernimm die Regie: »Ich bin nutzlos«, wird zu: »Ich bin nützlich.« »Ich bin nicht liebenswert«, wird zu: »Ich bin die Liebe in all ihrer Pracht.« Und so weiter. Auf diese Weise lässt du dein Licht heller strahlen, sodass es die wahre Geschichte über dich erzählt.

Eine lächelnde Aura, die deinen Tag schöner macht und dich gut schlafen lässt

Deine Gefühle üben eine starke Wirkung auf deine Aura aus. Eine lächelnde Aura kann Wunder wirken. Und es ist zudem einfach, superwirksam und völlig kostenlos! Indem du lernst, deine Aura lächeln zu lassen, versorgst du deinen Körper mit einer Extraportion Endorphinen, die deinen Energielevel heben. Du musst diese Absicht nur fassen.

Ich mache das, indem ich lächle und mir einen Regenbogen über meinem Kopf vorstelle. Ich sehe, wie sich mein Lächeln mit jedem Atemzug vertieft. Wie es sich ausdehnt und jede Schicht des Regenbogens erreicht. Es durchdringt mühelos jede Farbe, so mühelos, wie es sich über meinem Gesicht ausbreitet. Hört sich leicht an? Ist es! Versuch es, bevor du ins Bett gehst. Damit du farbenfrohe, lebendige Träume hast!

Achte auf dein Tun und finde deinen Weg

Unser Handeln beeinflusst unsere Schwingung ebenso wie unsere Gefühle. Zugleich machen sie deutlich, inwiefern unser Tun für unsere Energie gesund und gut ist. Erfüllt es dich mit einem angenehmen Kribbeln? Mit einem Zauber? Hurra! Mach weiter so! Oder gibt es da auch etwas, das dich schon zusammenzucken lässt, wenn du nur daran denkst? Falls ja, hör auf dein Gefühl und halt dich fern davon!

Wenn es Zeit ist, zu diesem Date zu gehen, achte auf deine Energie und deine Schwingung: Bist du nervös?

Oder eher aufgeregt? Musst du vielleicht noch mal nach-spüren, ob dies wirklich der oder die Richtige für dich ist?

Ist es Zeit zu kündigen, oder solltest du diesen Job noch eine Weile behalten? Wie reagiert dein Körper, wenn du dir beides nacheinander vorstellst? Du kannst jederzeit deine Aurakuppel betreten, wenn du einen tieferen Blick wagen möchtest. Denn mittlerweile hast du dich so stark entwickelt, dass das nicht mehr nur vor dem Spiegel oder in der Aurameditation funktioniert. Du spürst deine Energie vielmehr im alltäglichen Leben.

Wenn du dir selbst, deiner Familie, deinen Freunden oder auch Fremden etwas Gutes tust, stärkst du deine Energie. Fang ruhig klein an: Lass dir ein Bad ein. Kauf dir selbst einen Strauß Blumen. Halt einem Fremden die Tür auf. Schenk einem Vorübergehenden ein Lächeln. Setz ein Zei-chen, einfach weil es energetisch gut für die Seele ist!

Und vergiss nicht: Nur weil es leicht ist, heißt das nicht, dass es keine Wirkung hat! Früher, als das Leben noch viel einfacher war, schrieb man diesen kleinen Dingen viel mehr Wert zu.

Zieh dich um, damit du in die richtige Stimmung kommst

Auch deine Kleidung kann deine Energie umwandeln. Außerdem ist Kleidung ein klares Signal dafür, wo du ener-getisch gerade stehst. Kennst du das? Du stehst morgens auf und hast eine klare Vorstellung, was du anziehen möch-test. Aber wenn du es trägst, merkst du, dass etwas nicht stimmt. Das liegt daran, dass deine Energie an diesem Tag sich nicht in diesem Bereich bewegt. Also prüfe das in deiner Aura nach. Wenn du eine bestimmte Farbe in deine Aura lenken möchtest, dann trage sie. Nimm Lebensmittel zu dir, die diese Farbe haben. Flute deine Energie damit. Es ist wirklich so simpel.

Wenn du ein wichtiges Treffen hast, spür nach, welche Farben du dafür brauchst: Was strahlt deine Kraft am besten aus? Wenn du zu einer Party willst: Was hebt deine Laune? Schau dir deine Aura an (siehe die Übung: »Weite deine Sicht«, Seite 100ff.). Sprich folgende Affirmation drei Mal nacheinander: »Ich erlaube mir zu sehen, welche Farbe mich so hell wie möglich strahlen lässt.« Bleib offen für das, was du siehst, und würdige die Botschaft, indem du ein T-Shirt, den Lippenstift oder auch Unterwäsche in dieser Farbe trägst. Bring das Leben, das du siehst, mithilfe deiner Aura ans Licht und hebe so deine Stimmung.

Noch wichtiger: Hör auf dich selbst. Wenn dich etwas zum Lächeln bringt und diese Energie dein Herz erwärmt, dann ist es gut für dich. Wenn etwas nicht stimmt, dann hör auf diese Botschaft und forsche nach, was es ist und warum es dich stört.

Entferne negative Schwingungen aus deinem Energiefeld und aktiviere deine eigenen

Wir können uns auf Mutter Erde verlassen, wenn es darum geht, unsere Aura zu reinigen. So nutze ich Räucherbündel von Weißem Salbei. Ich räuchere nach jeder Sitzung, in der ich mit Energie arbeite, nach jedem Aura-Reading für andere. Damit kehre ich sozusagen den Staub aus, den die Arbeit mit diesen Menschen in meinem Energiefeld hinterlassen hat. Räuchern ist auch gut, wenn du müde bist oder dich unwohl fühlst, es verleiht uns frischen Schwung und harmonisiert unsere Energien.

Zünde das Räucherbündel an einem Ende an. Weißer Salbei ist am wirksamsten, aber auch Palo-Santo-Holz geht gut. Wenn das Räuchermaterial hell brennt, bläst du die Flamme aus. Lass ein Ende so glühen, dass der Rauch nur noch in deine unmittelbare Umgebung aufsteigt.

Dann bewegst du das Räucherbündel rund um deinen Körper. Während bei der Meditation »Reinige und schütze deine Aura« (Seite 122ff.) der Atem die Verdunkelungen entfernt und dem Universum übergibt, übernimmt diese Aufgabe hier der Rauch. Räuchere unmittelbar um deinen Körper herum, angefangen von den Zehen bis zum Kopf, die Seiten entlang und dann Vorder- und Rückseite deines Körpers. Räuchere so, als würdest du mit der Hand seine Umrisse nachzeichnen.

Wenn du möchtest, kannst du jede einzelne Schicht der Aura mit dem Rauch reinigen. Zu diesem Zweck bewegst du das Räucherbündel weg vom Körper. Konzentriere dich auf die einzelnen Schichten und zähle langsam bis sieben. Mit jeder Zahl wandert das Räucherbündel weiter nach außen. Du kannst das Räucherbündel auch in circa zweieinhalb Zentimetern Abstand vom Körper so bewegen, als würdest du nach außen hin »abstauben«. Zähle bis sieben, während du dir vorstellst, wie der Rauch jede einzelne Auraschicht klärt. Wenn du befürchtest, dass du eine Stelle vergessen könntest, nimm deine Gelenke und Chakras als Anhaltspunkte: Knöchel, Knie (vorne und hinten) und so weiter. Auf diese Weise schützt du perfekt alle Bereiche deiner Aura bzw. deines ganzen Körpers!

Alltag im Zeitalter des Jetzt

Ich würde lügen, wollte ich behaupten, dass die Technik – Smartphone, Fernseher, Laptop – deine Aura nicht beeinflusst. Auch Alkohol und deine Ernährung wirken sich auf deinen energetischen Regenbogen aus. Wenn deine Stimmung sinkt, während du dich durch die sozialen Medien bewegst oder du nach einem Film bzw. einer Fernsehsendung innerlich frierst, kannst du dem etwas dagegensetzen: Geh raus in die freie Natur, meditiere oder mach eine der Übungen aus diesem Buch, die dich ansprechen. Überprüfe deine Energien und finde heraus, was wieder ins Gleichgewicht kommen oder verändert werden muss. Visualisiere unter der Dusche, erde dich, fühl dich ein in deine Aura und deinen Energiefluss. Welche Farbe muss geklärt werden? Welche Energie hat Staub oder Ruß hinterlassen und braucht deinen reinigenden Eingriff?

Wenn Nahrung oder Energie dir in irgendeiner Weise nicht gutgetan haben, dann solltest du die Aura reinigen: Was hat bei der Panne, bei der Party gelitten? Konzentriere dich zunächst auf die erste Schicht, die für den Körper zuständig ist. Ich garantiere dir: Wenn du anfängst, mit deinen Energien und deiner Aura zu arbeiten, wirst du viel achtsamer, weil du mit mehr Herzenswärme fühlst. Deine Energie wird sich wandeln und angleichen – und Gefallen finden an der zunehmenden Klarheit!

Heilsteine,
die dir helfen können

Kristalle pulsieren und schwingen genau wie wir. Sie haben die Fähigkeit, Energie in unsere Aura zu bringen bzw. all das aus ihr zu entfernen, was uns nicht mehr dienlich ist. Heilsteine sind in meinen Augen Linsen, die bestimmte Energien konzentrieren. Wenn du mehr Freude in deiner Aura spüren möchtest, verwende einen Stein wie den Aventurin, der deine Frequenz schnell steigern kann. Wenn du dich nach mehr Liebe sehnst, setzt du am besten auf einen Stein, der für dich bedingungslose Liebe verkörpert. Das kann zum Beispiel ein Rosenquarz sein. Er wird liebende Energie durch deine Aura in dein Heim und deine Persönlichkeit lenken.

Zur Stärkung der Farben und Schichten
deiner Aura

Wenn du deine Auraschichten betrachtest und dabei beispielsweise feststellst, dass dein gelbes Sonnenlicht nicht ganz so hell strahlt wie sonst, dann such dir einen Heilstein aus, der dich anzieht und dem Farbton entspricht, in dem du schwingen willst. Du ziehst seine Schwingung in dein Energiefeld, und er wird dein Strahlen verstärken, einfach indem du den Stein in der Hand hältst, unters Kopfkissen legst oder ihn bei dir trägst. In den nächsten drei bis sieben Tagen wirst du erleben, wie sehr deine Aura jubiliert und sich verändert! Du kannst das mit jeder Farbe machen, die du in deinem Energiefeld stärken bzw. die du zum Schwingen bringen willst.

Zum Schutz vor Hightech-Schwingungen

Hier ist Shungit der Stein meiner Wahl. Ich lege ihn auf mein Smartphone (vor allem nachts), da er die niedrigen Frequenzen abhält, die meinen mentalen Energiefluss behindern. Ich nehme ihn auch mit auf Reisen und wenn ich den Personen-Scanner am Flughafen durchschreite.

Zur Auffrischung deiner Energie

Der äußerst hilfreiche schwarze Turmalin erdet schwierige Energien. Es ist, als würdest du die Erdungs-Übung machen. Mit Rauchquarz kombiniert, wirkt er noch stärker. Für mich ist der Rauchquarz der Staubsauger im Reich der Kristalle. Er zieht alles an, was dir in deiner Aura oder deinem Heim nicht länger dienlich ist. Der schwarze Turmalin wiederum leert den Staubsaugerbeutel. Bewahre diese Heilsteine zu Hause auf, auf deinem Schreibtisch oder wo auch immer du das Gefühl hast, viel Energie zu verbrauchen. Allein dies lädt dich schon ordentlich auf!

Zur Unterstützung

Amazonit ist ein wunderbar wohltuender und unterstüt-
zender Heilstein, den es in vielen Schattierungen gibt.
Wähle immer die, die dich am stärksten anspricht. Er ist
großartig darin, energetische Überreste von Sorgen zu klä-
ren, zu filtern und auszuleiten, die in deiner Energie, deiner
Aura zurückgeblieben sein mögen. Er hilft uns energetisch,
körperliche und geistige Leiden zu lindern. Wenn du also
Stress in der Arbeit oder in der Beziehung hast, wenn du dir
im Fitnessstudio einen Muskel gezerrt hast, dann hilft dir
der Stein dabei, innerlich damit fertigzuwerden.

Um selbstzerstörerischen Neigungen entgegenzuwirken

Grüner Aventurin ist der ideale Schutzschild für Menschen,
die das Gefühl haben, jemand raube ihre Energie. Aber er
schützt uns auch vor uns selbst: vor jenen strengen Denk-
oder Verhaltensmustern, die uns früher schon zu selbst-
zerstörerischem Verhalten angestiftet haben. Arbeite mit
diesem Heilstein, um solche Muster loszulassen und ihre
Wirkung in deiner Aura zu beseitigen.

Für Erdung, Stabilität und Harmonie

Im Regenbogenfluorit finden sich kräftige Farben, ähn-
lich wie bei dir. Und so wie du einzig bist, sind keine zwei
Steine gleich in puncto Form, Farbe oder Beschaffenheit.
Der Regenbogenfluorit ist ein starker Schutzstein. Es ist

eine Freude, mit ihm zu arbeiten, um deine Aura und deine Energie zu stabilisieren – um dich zu erden und Energien loszulassen, die nicht mehr zu dir passen. Er hat auch eine stark harmonisierende Wirkung und ermöglicht, dass deine Energien gut zusammenklingen, um die Schwingungsfrequenz zu erzeugen, die du sein oder werden möchtest.

Wie du mit Energien weiterarbeiten kannst

Energieheilung – das ist Arbeit mit der Aura, mit den Chakras und mit Kristallen. Und keineswegs eine, die du nur dann anwenden kannst, wenn du dich schlapp fühlst, dich verändern oder aus Aura und Leben etwas entfernen willst, das du nicht mehr brauchst. Vielleicht willst du ja deine Energien weiter erforschen, ihre Schwingung steigern und diesen Zauber noch länger genießen. Oder du wünschst dir, jemanden zu finden, der deine Energien wandeln und reinigen kann, damit du leichter in einen friedvollen meditativen Zustand gleiten und mit mehr Klarheit »sehen« und fühlen kannst. Weil du lernst, dir selbst zu vertrauen.

Manchmal gibt es da blinde Flecken, Verdunkelungen, die wir nicht loszuwerden scheinen. Vielleicht haben wir diese schon seit Monaten, wenn nicht Jahren, mit uns herumgeschleppt – mitunter gar ein ganzes Leben lang (vielleicht sogar frühere)! Wir haben unsere Energie auf diese Frequenz »eingestellt«, und es fühlt sich an, als ließe sich das nicht mehr ändern. Aber du musst diese Aufgabe nicht alleine bewältigen. Such dir jemanden, der andere oder tiefgründigere Erfahrungen gemacht hat, als du sie bisher erlebt hast. Und arbeite mit dieser Person zusammen!

Der richtige Therapeut ist der Mensch, der sich für dich richtig anfühlt. Das ist genauso wie mit der Auswahl deines Friseurs. Du musst der Schwingung vertrauen. Aber vergiss nicht, dass letztlich du der entscheidende Experte bist. Du kannst dies fühlen, weil du durch die Arbeit mit deiner Energie unbewusst auch gelernt hast, unter welchen Umständen du der Energie anderer vertrauen kannst!

»Wenn du anfängst,
dich mit deiner Aura
zu beschäftigen,
gibst du dir selbst
das Versprechen,
deine wahre
Schönheit, dein
wahres Potenzial
und deinen wahren
Wert zu verstehen.«

MEINE LETZTEN GEDANKEN AN DICH ...

So, nun hast du also all diese Informationen, all diese Fähigkeiten. Was wirst du mit ihnen anfangen? Wie wirst du sie in unserem Zeitalter des Jetzt einsetzen? Für welchen Weg du dich auch immer entscheidest: Bitte wachse und gedeihe weiter, entwickle dich und vervollkommne deine Fähigkeiten. Vergiss nicht, dass deine Energie, deine Schwingung, deine Aura sich Tag für Tag ändern können. Also gewöhne dich daran, regelmäßig deine Energie zu überprüfen und deine täglichen bzw. wöchentlichen Übungen zu machen, bis diese Techniken Teil deiner neuen Normalität im Zeitalter des Jetzt werden. So, wie du dein Gesicht wäschst oder deine Haare. Wenn das Leben dir also einen Streich spielt oder die Energie eines anderen Menschen dich auf dem falschen Fuß erwischt, dann hast du genügend Kraft und Reserven, weil du gelernt hast, auf deine neuen Fähigkeiten zu vertrauen. Und mit ihnen wirst du das Auf und Ab des Alltags spielend bewältigen und dir selbst dabei treu bleiben.

Du bist all diese Schattierungen ständig sich wandelnder Möglichkeiten. Indem du dieses Buch zur Hand nimmst, machst du dir das wundervollste Geschenk überhaupt – dich selbst in jeder Schattierung und jeder Empfindung *ganz* zu sehen, und zwar in liebevoller Güte. Du lernst nicht nur, dem nachzuspüren, sondern du wirst fähig, das selbst wahrzunehmen. Wenn du dich in deiner Gesamtheit sehen und fühlen kannst, in all deiner Farbenpracht, dann entdeckst du, wie du auf der Ebene deiner Aura wirklich fühlst und aussiehst. Und du kannst Tiefen ausloten, von denen du nicht einmal gewusst hast, dass du sie besitzt. Oder die du lange Zeit nicht mehr gespürt hast.

Die Wirkung deiner Arbeit mit der Aura kann nur positiv sein. Wenn du anfängst, dich mit deiner Aura und deiner

Energie zu beschäftigen, wenn du deine Schwingungsfrequenz steigerst, beginnst du, deine wahre Schönheit, dein wahres Potenzial und deinen wahren Wert zu begreifen. Von diesem Augenblick an wirst du nie wieder eine niedrigere Schwingung akzeptieren.

Deine Aura spiegelt wider, wer und wo du bist. Wenn es dir nicht gefällt, wo du stehst, dann vergiss nicht, dass du deine Energie heben kannst auf eine Schwingung, eine Frequenz, die zu dem passt, was du sein möchtest. Das kann und wird dein Leben verändern, wenn du es zulässt!

Und jetzt noch ein paar große Bitten an dich:

BITTE nimm dir Zeit.

Habe Geduld mit dir selbst und deiner Aura. Beobachte, wie dein Energiefluss sich verändert und alle Menschen berührt, mit denen du in Kontakt kommst. Nimm die Veränderungen in deinem Alltag wahr. Achte darauf, wie du dich fühlst und wie sich die Menschen um dich herum fühlen – nutze deine Energie, deine Aura, und lass dir von ihr helfen.

BITTE vergiss nicht, dass nichts in Stein gemeißelt ist.

Vor allem du nicht. Du wirst dich ständig verändern. Also sei nett, liebevoll, sanft und verständnisvoll zu dir selbst. Lass deine Energien für dich arbeiten, an dir arbeiten und für die Menschen in deinem Umfeld. Was immer du gibst, bekommst du zurück. Also setze deine Energie weise ein – sie ist ein höchst wertvoller Rohstoff!

BITTE achte darauf, dass deine Aura und deine Energie rein bleiben.

Entsorge den »Müll«, und schon wirst du merken, wie du dich leichter fühlst. Öffne dich für das Licht. Freunde dich an mit deiner Aura und deiner Energie. Denn nur wenn du deine Schwingung kennst, wirst du unbewusst auch die anderer besser erkennen.

Und am allerwichtigsten: BITTE vertrau dir selbst.

Übung macht den Meister, also erlaube dir, alles zu sehen, zu wissen und zu glauben, was dir gezeigt wird. Lehn dich zurück und lass deine Energie strahlen. Lass dich sein, wie du bist. Lass dich sehen, wie du bist. Als den unglaublichen Regenbogen, den du verkörperst – für dich und für andere. Du bist der Regenbogen!

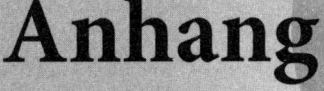

Anhang

Regenbogenwellen:
Die Struktur deiner Aura

Nun wollen wir einmal aus der Vogelperspektive auf deine Schichten blicken! Wenn du auf die verschiedenen Schichten deiner Aura blickst, sieht es aus, als schautest du von oben auf die einzelnen Jahresringe eines Baumstamms. Oder auf die Wellen, die sich ausbreiten, wenn du einen Kieselstein in einen Teich geworfen hast – mit dir in der Mitte und der Aura-Energie, die du ausstrahlst. Vergiss nicht, dass es hier keine Begrenzung gibt. Du bist eine machtvolle Quelle ausstrahlenden Lichts.

Die Farben deiner Aura verändern sich ständig – von Tag zu Tag, von Stimmung zu Stimmung, von Gefühl zu Gefühl, von Erfahrung zu Erfahrung. Deine Schichten sehen vielleicht ganz anders aus als die von einer anderen Person. Die Farben der Chakras, die jede Schicht beeinflussen, bleiben immer gleich, die Schichten selbst aber nicht.

Wenn du Lust hast, kannst du eine interessante Übung dazu machen. Schau dir die folgende Liste an und schicke so richtig viel Chakra-Energie in die zugehörige Schicht deiner Aura. Oder aber du atmest tief ein und aus, bis du einen meditativen Zustand erreichst. Dabei kannst du zusehen, wie sich die Farben vor deinem inneren Auge verändern. Sie zeigen nun, welche Farbe diese Schicht bei dir hat! VIel Spaß beim SPIELEN!

Deine Auraschichten

Schicht 1 – Der ätherische Körper oder die Ebene der physischen Aura (unsere Gesundheit)
WURZELCHAKRA – ROT

Schicht 2 – Der Emotionskörper oder die Ebene der Astralaura (unser Gefühlsarchiv)
SAKRALCHAKRA – ORANGE

Schicht 3 – Der mentale Körper oder die Ebene der unteren mentalen Aura (unsere Glaubensmuster)
SOLARPLEXUSCHAKRA – GELB

Schicht 4 – Der Astralleib oder die Ebene der oberen mentalen Aura (wo unser Herz ist)
HERZCHAKRA – GRÜN

Schicht 5 – Das ätherische Idealbild oder die Ebene der spirituellen Aura (unser Selbstausdruck)
HALSCHAKRA – BLAU

Schicht 6 – Der himmlische Körper oder die Ebene der intuitiven Aura (das Verständnis unserer Träume)
DRITTES AUGE – INDIGO/KÖNIGSBLAU

Schicht 7 – Die kausale Ebene oder die Ebene der absoluten Aura
KRONENCHAKRA – VIOLETT

Lektüretipps

Boland, Yasmine: *Moonology: Die Magie des Mondes*, München 2020.

Dispenza, Joe: *Ein neues Ich: Wie Sie Ihre gewohnte Persönlichkeit in vier Wochen wandeln können*, Burgrain 2012.

Gallagher, Kirsty: *Lunar Living: Working with the magic of the moon cycles*, London 2020.

Hall, Judy: *Das kleine Buch der Schutz- und Glückssteine*, München 2018.

Hay, Louise L.: *Gesundheit für Körper und Seele*, Berlin 2013.

Hicks, Ester und Jerry: *Wunscherfüllung – Die 22 Methoden*, Berlin 2007.

Knowles, Emmy Lucy: *Die Heilkraft der Kristalle*, München 2019.

Ram Dass: *Polishing the Mirror: How to Live from Your Spiritual Heart*, Louisvllle 2014.

Simmons, Laurey: *The Inner Beauty Bible*, London 2017.

Schucman, Helen: *Ein Kurs in Wundern,* Greuthof Verlag und Vertrieb GmbH, Freiburg 2021.

Singer, Michael A., *Das Leben wagen: Der Weg zum wahren Glück*, Berlin 2021.

Weiss, Brian: *Die zahlreichen Leben der Seele*, München 2005.

Winfrey, Oprah: *Was ich vom Leben gelernt habe*, Frankfurt 2015.

Dank

Mein Dank ist grenzenlos – aber ich werde es trotzdem versuchen!

Ich danke meiner Familie, meiner speziellen Eingreiftruppe, den Knowles: AK, Jen the Hen – ihr seid als Eltern einfach Superstars. Leute wie euch gibt es nicht so viele. Und meiner Schwester Becks! Mit euch an meiner Seite kann gar nichts schiefgehen. Und noch ein extra Dankeschön an dich, Becks, für deine magischen Fähigkeiten als Kommunikatorin und Netzwerkerin. Du bist meine Schwester, meine beste Freundin und mein Kommunikations-Guru!

Meiner Seelenfamilie, meinen Freunden: Ihr wisst, wer ihr seid. Ihr merkt es genau, wenn ihr das hier lest. (Ja, genau, ihr seid gemeint!) Wenn ich es noch nicht oft genug gesagt habe: Danke, weil ihr mich dabei unterstützt habt, ich selbst zu sein, als ich noch nicht wusste, was das genau bedeutet. Und weil ihr so viel Geduld mit mir habt, wenn ich während meiner Arbeit einfach abtauche und stumm bleibe ...

Dem Pop- und Penguin-Team: Laura, danke, dass du mir dieses magische Projekt anvertraut hast. Und Sam, Muna und Sue: Danke, dass ihr mir gezeigt habt, was wir in so kurzer Zeit alles machen können. Ihr seid einfach die Besten!

Dieses Buch entstand während einer Zeit, die für uns alle höchst spannend war. (März 2020 – mehr sage ich gar nicht.) Ich möchte all meinen neuen ebenso wie meinen Langzeit-Kunden danken, die in dieser Zeit trotzdem zu mir gekommen sind. Ihr habt mir ermöglicht, den Übungen in diesem Buch eine ganz neue Qualität zu verleihen. Also: Dieser Dank geht an euch!

Danke meinen Freunden in den Himmeln und Sternen über uns: The Big Man, Eric, Lily, Chris, Tom, Lady P, Big T und Lady Mary, Albard, den AAs und George: DANKE, weil ihr mir gezeigt habt, wie es geht, auch wenn mein Kopf gezweifelt hat.

Dieses Buch ist euch Regenbogen gewidmet – all jenen, die ihre Kraft einsetzen und so in sich selbst investieren: Ich danke euch, weil ihr ihr selbst seid. Und jetzt versteht ihr endlich, warum!

Ich wünsche euch von Herzen alles Glück der Welt

XXX

Stichwortverzeichnis

Notizen

Entdecke deine Aura!